Mit der Maus durch München

Stadtgeschichte für Kinder

Danksagung

Die Autorin dankt Bernd Schaumann und Ulrike und Bernd Engelmann für die freundliche Unterstützung und Hilfestellung.

Autorin und Verlag danken Dr. Michael Stephan vom Stadtarchiv
München herzlich für die Durchsicht des Manuskripts. Weiterer
Dank gilt Prof. Dr. Reinhard Wittmann und Sepp Obermeier vom
Bund Bairische Sprache e.V. sowie dem WDR für die konstruktive
Zusammenarbeit.

Elisabeth Mick

Mit der
Maus

durch **München**
**Stadtgeschichte
für Kinder**

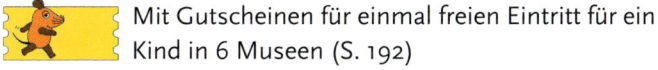 Mit Gutscheinen für einmal freien Eintritt für ein
Kind in 6 Museen (S. 192)

J.P. BACHEM VERLAG

Elisabeth Mick
1947 in Köln geboren, war Lehrerin und über 25 Jahre in der Museumsschule beim Museumsdienst Köln tätig. Neben der Unterrichtung von Schulklassen im Kölnischen Stadtmuseum, Museum Schnütgen und Wallraf-Richartz-Museum entwickelte sie neue museumspädagogische Projekte und erstellte Unterrichtsmaterial zur Kölner Stadtgeschichte für Kinder.

Bibliografische Information Der Deutschen Nationalbibliothek
Die Deutsche Nationalbibliothek verzeichnet diese Publikation in der Deutschen Nationalbibliografie; detaillierte bibliografische Daten sind im Internet über http://dnb.d-nb.de abrufbar.

1. Auflage 2012
© J.P. Bachem Verlag, Köln 2012
Lektorat: Claudia Stier, Köln
Die Maus: ©I. Schmitt-Menzel. WDR mediagroup GmbH.
Die Sendung mit der Maus ©WDR.
Reproduktion/Gestaltung: Reprowerkstatt Wargalla, Köln/Eva Kraskes, Köln
Einband: Petra Drumm
Druck: Grafisches Centrum Cuno, Calbe
Printed in Germany
ISBN 978-3-7616-2467-8

Mit unserem Newsletter informieren wir Sie gerne über unser Buchprogramm. Bestellen Sie ihn unter
↗ **www.bachem.de/verlag**

Inhalt

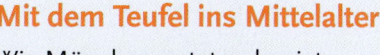

Mit dem Kindl in die Neuzeit

Auf dem Weg zur Residenz

Odeonsplatz, Theatinerkirche, Feldherrenhalle und die Maxvorstadt

Mit Emma Elf in die Moderne

Was du noch wissen solltest – zum Nachschlagen

Begriffe, die mit einem * gekennzeichnet sind,
werden im Glossar auf den Seiten 183 bis 187 erklärt.

Das Treffen der Spezialisten

Mercur, Teufel und Emma Elf treffen das Münchner Kindl auf dem Marienplatz

Emma Elf ging auf dem Marienplatz hin und her und suchte die anderen. Sie lief vom Wurmeck am Neuen Rathaus vorbei zum Fischbrunnen und wieder zurück. Unterwegs blieb sie bei der Mariensäule stehen. Dort stand eine hübsche junge Frau in einem langen roten Kleid und mit blutrot geschminkten Lippen. Sie erzählte pantomimisch eine Geschichte und war von einem jungen Publikum umringt, das ihr aufmerksam zusah. Dann erstarrte sie plötzlich und stand da wie ein Denkmal aus Stein. Das Publikum klatschte Beifall, und es fielen einige Münzen in die kleine Schale, die sie vor sich aufgestellt hatte.

Nun ging Emma in Richtung Kaufinger Straße. Dort stand ein giftgrün geschminkter Harlekin auf einem Podest und rührte sich nicht. Erst wenn eine Münze in sein Kästchen fiel, lächelte er, nickte mit

Vorführung auf dem Marienplatz vor dem Neuen Rathaus

*Der grüne Harlekin
auf dem Marienplatz*

dem Kopf und winkte freundlich. Emma blieb eine Weile bei ihm stehen, schaute sich aber immer wieder um. Plötzlich hörte sie eine Stimme neben sich.

„Griaß God! Suachst wen?"

Emma sah neben sich ein Mädchen in einem merkwürdigen schwarzen Kapuzenumhang, der an den Säumen mit gelben Streifen besetzt war.

„Ich suche meine Freunde. Sie müssen gleich kommen."

„Und was machts ihr da?"

„Wir zeigen uns gegenseitig die Stadt und erzählen uns Geschichten. Wir sind Spezialisten. Jeder für eine bestimmte Zeit. Ich zum Beispiel bin Spezialistin für die moderne Zeit. Und wer bist du?"

„I bin des Münchner Kindl, des Wahrzeichen vo' der Stadt. Kennst mi net?" Emma wurde verlegen.

„Jo mei! Gibt's des? Kennst mi wirklich net? Kimm, i zeig dir was." Das Münchner Kindl nahm Emma bei der Hand und zog es zum Eingang vom Rathaus.

„Do herobn kannst mi sehn", sagte es und zeigte nach oben über den Durchgang zum Stadtwappen von München.

„Do über'm Eingang und im Durchgang zum Prunkhof und im ganzen Rathaus kannst mi immer wieder seh'n. Und hoch oben aufm Turm vom Rathaus steh' i mit ausgebreitete Arm'. Kimm mit, i zeig's dir."

Das Kindl lief auf die gegenüberliegende Seite und zeigte nach oben in den Himmel. Aber Emma war unruhig und guckte gar nicht hin. Sie trat einige Schritte zur Seite und reckte den Hals.

„Is wos?", fragte das Kindl.

„Nein. Ich dachte, ich hätte Mercur gesehen."

„Ah! Der Mercur kimmt also. Und kimmt noch wer?"

„Ja. Der Teufel."

„Ha? Wer kimmt? Der Deifi?", wunderte sich das Kindl.

„Aber hier riecht es nicht nach Feuer und Erde."

„Warum soll's da auf'm Marienplatz danach riechen?"

„Weil der Teufel danach riecht. Wenn er hier in der Nähe wäre, würde ich ihn riechen", erklärte Emma.

„Und Mercur? Riecht der auch?"

„Nur manchmal. Er liebt Düfte und Luxus. Der ist ganz närrisch darauf. Er geht schon mal in eine Parfümerie und besprüht sich von oben bis unten mit Duftwasser."

Plötzlich lief Emma los und rief: „Ich habe Mercur gesehen. Oben, an der Mariensäule. Ich habe seinen Umhang, seine Flügelschuhe und seinen Flügelhut gesehen. Er schwebt nach unten."

Emma lief auf die Mariensäule zu und dann stand Mercur, der schöne junge Gott, der Götterbote und Gott der Reisenden und Kaufleute leibhaftig vor ihr.

„Salve", begrüßte er Emma freudig und verneigte sich. „Ich kann es kaum erwarten, mit euch auf Entdeckungsreise zu gehen."

„Wie schön, dass du da bist. Ich habe dich schon gesucht. Jetzt kann es endlich losgehen. Ich bin ja so neugierig auf München. Ich freue mich riesig."

„Ist der Teufel auch schon da?"

„Nein, ich habe ihn noch nicht gesehen."

Das Kindl war Emma gefolgt und guckte Mercur neugierig von oben bis unten an.

„Bist a Römer?", fragte es Mercur.

„Ja! Ein Gott. Ein römischer Gott! Ich bin für die Antike* zuständig, speziell für die römische Zeit", antwortete Mercur etwas kühl und sah das Kindl in seinem merkwürdigen Umhang an.

„Aber mir ham nix Römisch's da in Minga. Minga is net von de Römer g'ründet worden. Minga is' koa römische Stadt ..."

„Minga?", unterbrach Emma.

„Mir Münchner sag'n Minga. Des ‚ü' von München ist uns zu schwer zum Reden. Deswegn sagn mer ‚i'. Beim ‚ch' tut's im Hals weh. Des kann doch koa Mensch sagn. Deswegn sagn mir halt ‚g'. Und für das ‚en' sagn mir a ‚a'. So is des mit Minga. Aber irgendwos Römisches wird's schon geben da! Jo, i glaub' scho."

Münchner Kindl

„Das glaube ich auch. München war früher Residenzstadt der bayerischen Könige. Könige haben immer Kostbarkeiten aus der Antike gesammelt und sie in ihren Schatzkammern aufbewahrt. Deshalb gibt es in München sicher hervorragende Zeugnisse der Antike", erklärte Mercur etwas eingebildet und lieferte sofort noch eine Erklärung hinterher.

Das Alte Rathaus

„Das Gebiet um das heutige München gehörte zur Römerzeit zur Provinz Raetien*. Viele Städte im heutigen Bundesland Bayern wurden von uns Römern gegründet. Zum Beispiel Augsburg, Passau oder Rosenheim, oder die römischen Heerlager Regensburg und Kempten. Die sind doppelt so alt wie München ...“

Jo! Jo! Hast scho recht!“, unterbrach das Kindl Mercur. „Kimmts noch wer zu euerm Treffen?“

„Ich habe doch schon gesagt, dass der Teufel kommt, unser Fachmann für das Mittelalter. Wo bleibt er nur? Hier vor dem Rathaus kann man sich doch nicht verpassen.“

„Und wo habt's ihr euch verabred't?“

„Vor dem Rathaus in München“, sagten Emma und Mercur wie aus einem Munde.

„Jo mei. Da gibt's zwoa Rathäuser. Des Neue Rathaus und des Alte Rathaus. Vielleicht wartet der Deifi am Alten Rathaus und ihr wartet's am Neuen Rathaus.“

„Aber wir haben gesagt, dass wir uns auf dem Marienplatz vor dem Rathaus treffen. Und beim Alten Rathaus ist nicht der Marienplatz“, erklärte Emma aufgebracht.

„Aber g'wiss! Das Alte Rathaus grenzt den Marienplatz vom Tal, also von der Straßn zum Isartor, ab. Also kann der Deifi auch da warten. Solln mer nachschau'n?“

Auf diese Idee war Emma noch gar nicht gekommen. Zu dritt gingen sie nun am Fischbrunnen vorbei in Richtung Tal. Bei den Durchfahrten am Alten Rathaus brauste der Verkehr. Fußgänger liefen durcheinander, Busse rauschten vorbei und Fahrradfahrer fuhren einem über die Füße, wenn man nicht aufpasste.

„Ich rieche ihn. Er muss hier sein!“ rief Emma aufgeregt. Und dann sahen sie ihn. Emma und Mercur liefen auf ihn zu.

„So a kratziger G'sell. Mit Hörner und mit'm Schwanz und mit'm Pferdehax. So hätt' i mir den Deifi net vorgstellt“, murmelte das Kindl in seinen Umhang hinein. „Des werd mir a scheene Besichtigung von Minga werd'n mit soam Deifi.“

„Da bist du ja. Wir haben dich so lange gesucht“, begrüßte Emma den Teufel und freute sich wirklich, ihn wiederzusehen.

„Ein Wunder, dass ihr überhaupt gekommen seid. Tsss ... tsss ... Ich stehe schon seit hundert Stunden hier und warte auf euch. In der nächsten Sekunde wäre ich weg gewesen, das schwöre ich. Beinahe hätte mich ein Bus überfahren. Und ein Fahrradfahrer ist mir über den Fuß gefahren ... jedenfalls beinahe. Und die Leute rempeln und stoßen hier herum. Wer ist das denn?", sagte er und zeigte auf das Kindl.

„I bin des Münchner Kindl. Wo i bin, is München", sagte es.

„Tsss ... tsss ... Bist du nicht ein bisschen eingebildet?"

„I? Eingebildet?", lachte das Kindl.

„Warum trägst du dieses schwarze Gelump?", fragte der Teufel und zog dem Kindl am Kapuzenzipfel.

„Pfoten weg! Sonst kriagst glei a Watschen."

„Geht diese Zipfelheidi mit uns?", wollte der Teufel von Emma und Mercur wissen.

„Kennst du dich aus?", fragte Emma das Kindl.

„Jo mei – des is a Frag. I bin die Superspezialistin von Minga. Koannst mi alles frogn."

Mercur und Emma hatten nichts dagegen, dass das Kindl mit ihnen durch München ging. Aber der Teufel meckerte herum. Ihm passte die „Zipfelheidi" nicht. Nachher würde sie noch etwas über das Mittelalter in München erzählen. Das war sein Fachgebiet! Auch die bairische Mundart wollte er nicht hören. Nun war das Kindl beleidigt. Aber dann einigten sie sich: „I sog koan einzigen Ton zum Mittelalter und i red a koa Münchnerisch", versprach das Kindl. Aber der Teufel musste ihm auch ein Versprechen geben: „Sog nimmer Zipfelheidi zu mir. Dann is aus mit der Freundschaft!", drohte es ihm.

Vom Münchner Kindl

Als die Stadt München vor langer Zeit ein Wappen brauchte, entschied man sich für einen Mönch, der mit der rechten Hand den Segen erteilt und in der linken Hand die Bibel* hält. Seine Kutte* war schwarz. Später bekam sie an den Säumen gelbe Streifen. Der Mönch ist heute noch das Symbol der Stadt und wird im Stadtwappen von München geführt. Er ist überall zu sehen. Auf Kanaldeckeln, auf den Wagen der Straßenbahnen, auf der Uniform der Feuerwehrmänner und überall, wo die Stadt ihr Zeichen setzt.

Es wird erzählt, dass vor etwa 150 Jahren einige Künstler zusammensaßen, die sich einen Spaß mit dem Stadtwappen machten und das Mönchsgesicht in ein Kindergesicht verwandelten. Zu dieser Zeit wurde München gerade als Bierstadt berühmt, und man brauchte eine gute Werbung. Dafür war das Kindl wie geschaffen. Man gab ihm eine Maß Bier in die eine und eine Brezn oder eine Radi in die andere Hand und schon machte das Münchner „Kindl" Reklame für die Bierstadt München. Das ist bis heute so geblieben, und jedes Jahr zum Oktoberfest führt ein echtes Münchner Kindl in der Mönchskutte den Festzug auf die Theresienwiese an.

Das Mittelalter

Das Gemälde am Isartor zeigt den Triumphzug nach der Schlacht bei Mühldorf 1322. Ludwig der Bayer siegte in der Schlacht gegen Friedrich den Schönen.

Mit dem Teufel ins Mittelalter

Wie München entstanden ist

Der Teufel rannte durch das Verkehrsgewühl auf die andere Seite des Alten Rathauses in Richtung Tal. Die anderen hatten Mühe hinterherzukommen. Dann zeigte er auf die drei großen Fenster mit den runden Bögen. Über dem mittleren Fenster im ersten Stock stand auf einer Konsole* eine große Statue aus Stein.

„Der da oben soll Heinrich der Löwe sein. Er stammte aus der Familie der Welfen und war vor mehr als achthundert Jahren Herzog von Bayern und Sachsen", sprudelte der Teufel los. Heinrich der Löwe war von unten nicht gut zu erkennen, seine große, kräftige Gestalt steckte in einer schweren Rüstung. In der rechten Hand hielt er ein Schwert, in der linken einen großen Schild mit einem Löwen darauf. Auch auf seinem Brustpanzer waren drei Löwen zu erkennen.

„Der ist ja wie ein römischer Offizier mit Helm, Wangenschutz und Helmbusch gerüstet", stellte Emma fest. Aber Mercur protestierte.

„Römische Offiziere trugen keine Kettenrüstung. Das ist eine Fantasierüstung. Die hat sich jemand ausgedacht. Sie guckten alle noch einmal hin, und besahen sich auch das kurze Schwert etwas genauer. Es sah abgebrochen aus.

„Es könnte ein römisches Kurzschwert sein", stellte Mercur fest.

„Ich will euch was sagen", begann der Teufel. „Kein Mensch auf der ganzen Welt weiß, wie der Heinrich wirklich ausgesehen hat und welche Rüstung er getragen hat. Und wenn das einer sagt, dann lügt dieser Mensch. Es gibt nämlich kein Bild von ihm. Deshalb hat der Bildhauer sich einen edlen Ritter ausgedacht. Dabei war Heinrich der Löwe gar nicht ritterlich. Ritter sollten ritterliche Tugenden haben wie

Heinrich der Löwe am Alten Rathaus in München. Das Original von 1864 ist im Münchner Stadtmuseum ausgestellt.

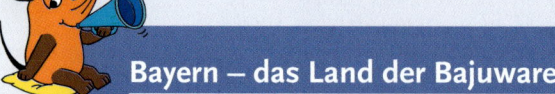

Bayern – das Land der Bajuwaren

München ist die Landeshauptstadt von Bayern.
Früher war Bayern vom Stamm der Bajuwaren besiedelt, der aus verschiedenen Stämmen der Germanen und der keltisch*-römischen Bevölkerung entstanden ist. Sie besiedelten Altbayern und einen Teil von Österreich und Südtirol. Sie nannten sich vermutlich „Baio-varii", das man mit „Männer aus dem Land Baia" übersetzen kann. Die Einwohner dieses Landes nannte man deshalb Bajuwaren. Aus diesem Wort ist dann das Wort Bayern entstanden.

Gerechtigkeit, Geduld und Ehrlichkeit. Aber Heinrich hatte die nicht. Ihm ging es um Macht. Er war hart und brutal, wenn er seine Interessen durchsetzen wollte. Er schreckte vor nichts zurück, auch nicht vor Gewalt und Zerstörung. Als er Herzog von Bayern war, gab es schon die kleine Stadt Freising mit einer Brücke über die Isar. Hier machten Kaufleute und Händler Rast, wenn sie mit ihren Salzladungen unterwegs waren. Sie kamen über die Salzstraße von Reichenhall und wollten nach Augsburg, um ihre wertvolle Fracht dort zu verkaufen. Wenn sie die Brücke über die Isar passieren wollten, mussten sie Zoll bezahlen, was sich als gute Einnahmequelle herausstellte. Die Brücke gehörte den Bischöfen von Freising und zu dieser Zeit war Otto der Bischof. Jeder Wagen, der über die Brücke fuhr, brachte ihm Geld ein."

„Ich will mal was wissen", unterbrach Emma den Teufel.

„Was denn?"

„Du hast von kostbarer Fracht geredet. Unter kostbar stelle ich mir Gold oder Silber vor, aber doch kein Salz!"

„Was glaubst du denn! Salz war zu dieser Zeit extrem kostbar! Kostbarer als Gold. Mit Gold kannst du keine Speisen würzen. Mit Gold kannst du auch keine Speisen haltbar machen. Keinen Fisch und kein Fleisch, kein Kraut und keine Rüben. Dazu braucht man Salz. Salz brauchten auch die Gerber, um aus Tierhäuten Leder zu machen und die Färber, um Stoffe zu färben. Ohne Salz ging gar nichts. Deshalb nannte man Salz auch das weiße Gold."

„Es wäre gut, wenn du jetzt mal zur Sache kommen würdest. Es ging doch um Heinrich den Löwen, der eine bedeutende Rolle für

Die Sage von Heinrich dem Löwen

Vor langer Zeit befuhr Herzog Heinrich mit einem Schiff das wilde
Meer. Bei einem heftigen Sturm verschlug es ihn mit seinem
Knecht auf das offene Meer und sie irrten lange Tage und Nächte
umher, ohne Land zu finden. Bald war kein Essen mehr da und sie
wurden vor Hunger halb wahnsinnig. „Lass uns losen. Wen das
Los trifft, der wird vom anderen verspeist", sagte Heinrich, der keinen anderen Ausweg sah. Der Knecht war entsetzt und machte einen anderen Vorschlag: „Ich nähe Euch in einen Sack aus Leder
ein und wir warten, was geschieht", sagte er. Der Herzog war einverstanden und bald war er mitsamt seinem Schwert in eine Och-
senhaut eingenäht.
Bald flog der Vogel Greif * heran, packte den Ledersack mit seinen
Klauen, trug ihn durch die Lüfte bis in sein Nest mit den jungen
Vögelchen und flog wieder davon. Im Nest griff Heinrich zu seinem Schwert und trennte die Nähte des Sacks mit seinem
Schwert auf. Als die jungen Greifen nun den lebendigen Menschen
im Nest sahen, fielen sie mit Geschrei über ihn her und hackten
auf ihn ein. Heinrich jedoch wehrte sich tapfer und schlug alle tot.
Zum Andenken schnitt er einem Tier eine Klaue ab, kletterte aus
dem Nest den hohen Baum hinunter und stand in einem großen
Wald, in dem ein Löwe mit einem giftigen und bösen Drachen
kämpfte. Heinrich zog sofort sein Schwert und ging damit auf
den Drachen los. Der wehrte sich und schrie durch den
Wald, dass es Heinrich durch Mark und Bein ging. Endlich
gelang es den beiden, den Drachen zu töten.
Nun legte sich der Löwe zu Herzog Heinrichs Füßen und sie
blieben zusammen. Nachdem die beiden noch viele Abenteuer
erlebt hatten, kehrten sie in die Heimat zurück. Heinrich regierte
noch lange in seinen Herzogtümern Sachsen und Bayern, bis er alt
war und starb. Der Löwe legte sich auf sein Grab und bewachte es
so lange, bis auch er starb.
So wurde der Löwe zum Wappentier von Bayern und auch die
Wittelsbacher Herzöge tragen ihn in ihrem Wappen.

München gespielt hat. Oder sehe ich das falsch? Immer diese Abschweifungen", sagte Mercur streng.

„Du eingebildetes römisches Göttergewächs", regte sich der Teufel auf. „Red mir nicht dazwischen. Wenn das so weiter geht, sage ich nichts mehr zum Mittelalter in München. Dann gibt es kein Mittelalter. Dann fällt dieser Abschnitt der Geschichte eben aus und ihr könnt sofort über die Neuzeit sprechen. Aber dann bin ich auch weg und komme nie, nie, nie, nie mehr wieder!"

Dann trampelte er mit seinem Pferdefuß auf dem Boden herum, nahm seinen Schwanz in die Hand und ließ ihn so drohend kreisen, als wollte er Mercur eins damit verpassen. Aber Emma ging dazwischen. Sie schaffte es, den Teufel zu beruhigen, sodass er nach einer Weile bereit war, weiter von Heinrich dem Löwen zu erzählen.

„Heinrich gefiel die Bestimmung mit dem Brückenzoll. Den wollte er auch kassieren. Aber er hatte keine Brücke. Und ohne Brücke gab es keinen Brückenzoll. Also schritt er zur Tat. Er baute etwa acht Kilometer in südliche Richtung eine eigene Brücke und gründete auch gleich noch einen neuen Ort, den er *apud Munichen*, auf Deutsch *bei den Mönchen* nannte. Um den Menschen einen Anreiz zu bieten, sich in *Munichen* niederzulassen, gewährte er ihnen das Recht, einen Markt abzuhalten und eigene Münzen zu prägen. Heinrich führte aber noch etwas im Schilde. Die Brücke in Freising musste weg, damit er alleine den Brückenzoll kassieren konnte. Und eines Tages ging sie in Flammen auf und es blieb nur noch ein verkohlter Rest übrig. Nun gab es für die Händler und Kaufleute keine Wahl mehr. Seine Brücke war die einzige, die über die Isar führte und er kassierte den Brückenzoll."

„Hat der Bischof von Freising keinen Ärger gemacht?", wollte Emma wissen.

„Tsss … tsss … tsss …, was glaubst du denn? Hättest du dir das gefallen lassen? Das war Brandstiftung! Kriminell war das! Das hätte Krieg geben können. Aber Otto suchte nach einer anderen Lösung. Kaiser Barbarossa, der zu der Zeit regierte, sollte den Streit schlichten. Nach zwei Jahren einigten sich Otto und Ludwig. Die neue Brücke konnte stehen bleiben. Aber dafür bekamen Otto und seine Nachfolger ein Drittel der Zolleinnahmen ab. Der Markt durfte auch weiterhin stattfinden."

„Gute Lösung! Besser als Krieg! Krieg kostet Geld!", murmelte Mercur. „Woher weiß man aber, dass es so gewesen ist?"

Der Teufel warf Mercur einen bösen Blick zu und nahm drohend seinen Schwanz in die Hand, weil er glaubte, Mercur wolle ihn mal wieder ärgern. Er hasste solche Fragen von ihm. Aber dann antwortete er doch ganz ruhig: „Es gibt den *Augsburger Schied*. Das ist die Urkunde, die am 14. Juni 1158 in Augsburg ausgestellt wurde und in der zum ersten Male der Name *Munichen* als Marktforum erwähnt wird."

„Kann man die Urkunde sehen?", wollte Emma wissen.

„Die echte alte Urkunde kann man nicht sehen. Sie wird im Bayerischen Hauptstaatsarchiv an der Ludwigstraße hier in München aufbewahrt. Aber im Stadtmuseum ist eine Kopie davon ausgestellt."

„Gilt diese Vereinbarung bis heute?", fragte Emma weiter.

„Bis vor etwa einhundertfünfzig Jahren hat die Stadt München immer noch Geld an die Bischöfe bezahlt. Aber heute nicht mehr. Übrigens soll Heinrichs Brücke ungefähr da gestanden haben, wo heute die Ludwigsbrücke über die Isar führt", ergänzte der Teufel noch.

„Darf ich was sagen? Zum Mittelalter?", fragte das Kindl und guckte ganz freundlich in das kratzige Teufelsgesicht.

„Tsss ... tsss ... meinetwegen. Aber mach es kurz. Ich habe keine Zeit zu verschenken."

„Schade", sagte das Kindl.

„Was? Was ist schade?"

„Das du nichts zum Verschenken hast."

„Tsss ... tsss ... Halt dich da raus. Das ist meine Sache", entgegnete der Teufel ärgerlich und knallte mit seinem Pferdefuß auf das Pflaster.

„I wollt nur noch sagen, dass die kleine Stadt vom Heinrich immer größer wurde. Bald lebten schon zweitausendfünfhundert Menschen hier und bauten Häuser und Höfe. Es hatte sich herumgesprochen, dass in München immer etwas los war und gute Geschäfte zu machen waren. Bald kamen auch Musikanten und Gaukler, Zahnreißer und Wunderheiler, Wahrsager und Zauberer, Turnierkämpfer und Ritter.

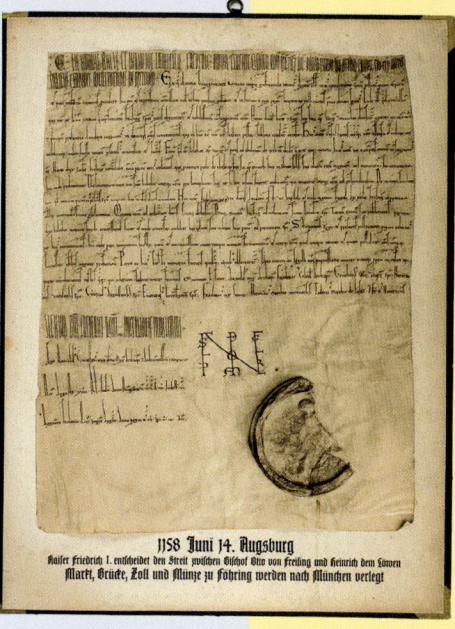

1158 Juni 14. Augsburg
Kaiser Friedrich I. entscheidet den Streit zwischen Bischof Otto von Freising und Heinrich dem Löwen
Markt, Brücke, Zoll und Münze zu Föhring werden nach München verlegt

Mit dem Augsburger Schied von 1158 beginnt die Geschichte der Stadt München. Eine Kopie davon ist im Stadtmuseum ausgestellt.

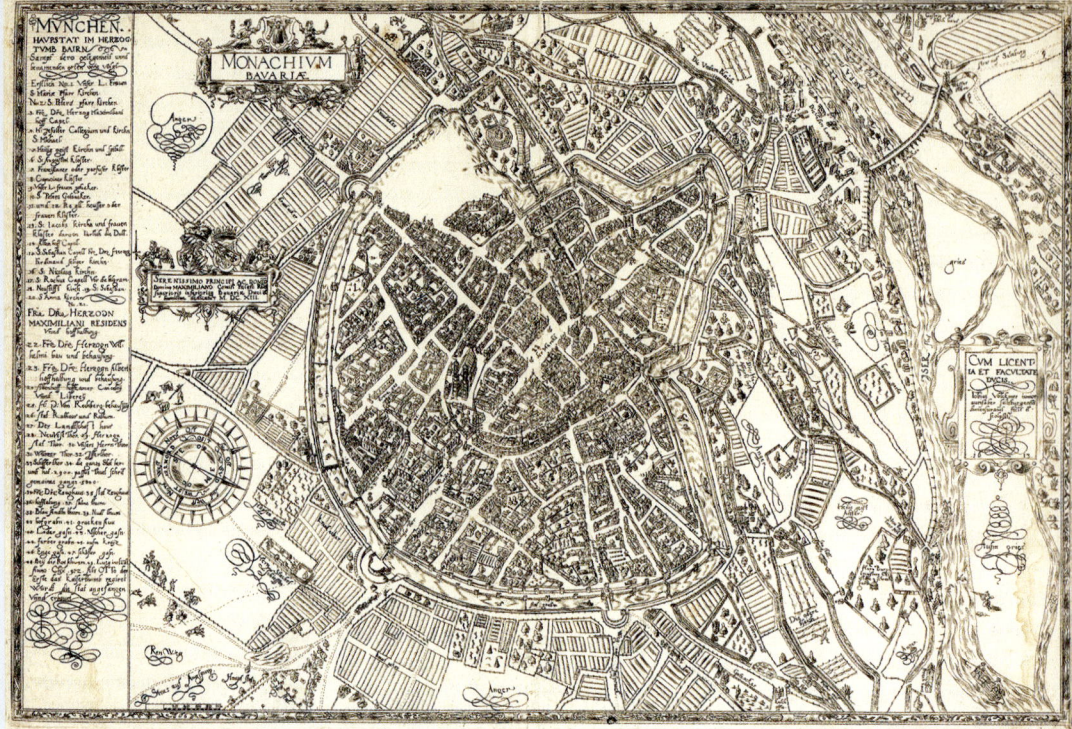

Stadtplan von München mit der ursprünglichen Stadt

Eine Stadtmauer mit Toren und Türmen wurde gebaut und eine Kirche. Der Marktplatz, der heute Marienplatz heißt, war der Mittelpunkt des gesellschaftlichen Lebens. Im Grundriss von München kann man die ursprüngliche Stadt heute noch gut erkennen."

Das mittelalterliche Stadtsiegel

Damit Verträge und Urkunden gültig wurden, brauchte man im Mittelalter ein Siegel. Zuerst führten nur Könige und Päpste, Bischöfe und Fürsten ein Siegel. Als die Städte entstanden, führten sie auch ein Siegel, damit Verträge und Urkunden gültig wurden. Das erste Stadtsiegel von München stammt aus der Zeit um 1239. Es zeigt neben einem Mönchskopf ein Stadttor, über dem ein Adler schwebt. 1268 entstand ein zweites Siegel mit der lateinischen Umschrift *„Sigillum Civitatis Monacensis"* – Siegel der Stadt München.

Das mittelalterliche Stadtsiegel

„Wir gehen auf die andere Seite vom Rathaus. Los! Abmarsch!", bestimmte der Teufel und raste wie ein Irrer um den Turm herum. Die anderen ließen sich von seiner Hektik nicht anstecken und schlenderten gemütlich hinterher. Sie blieben sogar bei der lebensgroßen Frauenfigur aus Bronze stehen, die einen echten Strauß Rosen im Arm hielt.

„Des hier is unsere Julia. Na, ihr wisst schon. Romeo und Julia. Das Liebespaar, das durch das Theaterstück des englischen Stückeschreibers William Shakespeare berühmt geworden ist. Eine traurige Gschicht is des. Diese schöne Julia aus Bronze ist ein Geschenk der Stadt Verona, der Heimat der beiden."

Während das Kindl von Julia erzählte, hatte Mercur die Sonnenuhr am Turm entdeckt. Er war begeistert.

„Die kannte man schon zu meiner Zeit im Alten Rom. Mit dieser Uhr ist es möglich, die Zeit in Stunden zu unterteilen. Wenn die Sonne jeden Tag ihre Bahn zieht, wirft der Stab der Sonnenuhr einen Schatten. Morgens und abends ist er am längsten, mittags am kürzesten. So kann man die Stunden ablesen. Der Schattenzeiger hat einen lateinischen Namen: *Gnonom*."

„Was? Gnom? Das ist doch ein Zwerg, ein Kobold."

„Gno ... Gnonom", verbesserte Mercur Emma.

„Schauts nauf." Das Kindl zeigte nach oben auf die unterschiedlichen Wappen auf der weißen Wand vom Turm. „Immer a bisserl unterschiedlich. Aber immer der Mönch."

„HimmelHerrgottSakramentNochmal", fluchte der Teufel, der ihnen entgegenrannte. „Ich warte schon tausend Stunden vor dem Eingang auf euch. Dann können wir jetzt mal endlich in

Der Turm neben dem Alten Rathaus am Marienplatz war ursprünglich ein Turm der Stadtbefestigung. Er gehörte zum Talburgtor. Das Gebiet vor der Stadtmauer wird Tal genannt.

Die Moriskentänzer

Im Jahre 1480 hat der Bildhauer Erasmus Grasser den Auftrag bekommen, Moriskentänzer für den Rathaussaal zu schnitzen. Die Zeitgenossen waren sehr misstrauisch, ob er der Richtige für diesen Auftrag war, denn er soll ein „unfridlicher, verworrner und arcklistiger" Knecht gewesen sein. Aber bald merkten die Münchner, dass er ein großer Meister im Schnitzen war. Deshalb verlangte er auch viel Geld für seine Arbeit. So viel, dass man davon auch tausend Schafe hätte kaufen können. Als Erasmus Grasser starb, war er einer der reichsten Bürger der Stadt. Zehn seiner Moriskentänzer sind bis heute erhalten.

Die Moriskentänzer vollführen verdrehte Bewegungen und springen in die Luft. Dieser Tanz aus Nordafrika verbreitete sich vor mehr als 500 Jahren nach Europa und wurde im Mittelalter zu einer beliebten Volksbelustigung. Bevor Erasmus Grasser die Figuren schnitzte, muss er den Tanz mit den vielen Sprüngen genauestens studiert haben, denn er hat sie sehr lebensecht geschnitzt.

An der Universität in München gibt es seit 25 Jahren eine Tanzgruppe, die sich dem Moriskentanz verschrieben hat. Die Tänzer müssen viel trainieren, damit ihnen die akrobatischen Sprünge gelingen. Die Tanzgruppe in ihren fantasievollen Kostümen kann man jedes Jahr am 14. Juni beim Stadtgründungsfest und an Fasching tanzen sehen.

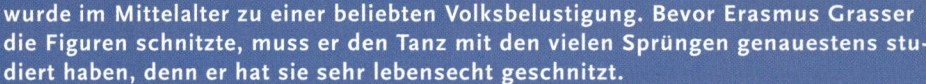

das Alte Rathaus gehen. Das hat nämlich oben im Tanzsaal eine Tonnendecke aus Holz. Die muss man gesehen haben. Die ist mit sechsundneunzig Fürstenwappen geschmückt. Für diesen Festsaal wurden auch die berühmtesten Figuren von München geschnitzt, die Moriskentänzer. Die sind siebzig Zentimeter groß und machen akrobatische Luftsprünge in ihren fremdländischen Kostümen mit ihren spitzen Schnabelschuhen. Also los jetzt."

Der Teufel riss an der Türklinke des Alten Rathauses, aber die Tür öffnete sich nicht. Dann trat er vor Wut mit seinem Pferdefuß dagegen. Nicht nur einmal, sondern immer wieder. Das knallte laut und die Leute guckten und wunderten sich. Emma zog den Teufel weg.

„Warum lassen die hier keinen rein?", jammerte er. „Ich wollte euch doch die schöne Tonnendecke zeigen."

„Irgendwann sehen wir die Tortendecke schon", tröstete ihn Emma.

„Tortendecke? Hast du wirklich *Tortendecke* gesagt? Kannst du nicht richtig hören? Willst du mich auf den Arm nehmen? Das heißt *Tonnendecke*. Eine Decke wie eine halbe Tonne, wie ein halbes Fass. So ist das gemeint. Tsss ... tsss ... Tortendecke. Ich könnte mich aufregen!", zeterte der Teufel.

„Des Alte Rathaus komma net besichtigen. Des is koa Museum. Des is nur bei Veranstaltungen offen. Und die originalen Moriskentänzer sind eh nimmer da. Die sind im Münchner Stadtmuseum ausgstellt", beendete das Kindl die Aufregung.

Ludwig der Bayer

„Auf dieser Seite vom Rathaus, am Marienplatz, ist Ludwig der Bayer über dem mittleren Fenster zu sehen. Und ... und ... und ... fällt euch was auf? Dir vielleicht?", fragte der Teufel und starrte Mercur an, der auf den Marienplatz guckte und gar nicht nach oben zu Ludwig dem Bayer.

„Das ist ein Kaiser. Das sieht man doch! Kaiserkrone, Zepter und Reichsapfel – alles vorhanden!", brummte Mercur dann.

„Stimmt. Ludwig war Kaiser. Wann er genau geboren wurde, weiß man nicht, entweder 1281 oder 1282. Zum König wurde er 1314 gekrönt und zum Kaiser 1328 in Rom. Gestorben ist er 1347 bei der Jagd.

Das Alte Rathaus

Das Alte Rathaus wurde von 1470 bis 1475 von Jörg von Halspach gebaut, der auch der Baumeister der Münchner Frauenkirche war. Im Erdgeschoss hatten die Bäcker ihre Verkaufsstände aufgestellt und in kleinen Gefängniszellen konnten Diebe und andere Übeltäter eingesperrt werden. Auch der dunkle feuchte Keller diente als Gefängnis. Im oberen Stockwerk feierten die reichen Kaufleute und die Hofgesellschaft rauschende Feste mit Musik und Tanz. In dem großen Saal tagte auch der Rat der Stadt und auswärtige Gäste wurden hier empfangen. Der Saal mit den großen Fenstern hatte eine weite Tonnendecke; Wappenschilde von 96 deutschen und anderen europäischen Fürsten schmückten die Wände. Das Besondere aber waren die Tanzfiguren, die für diesen Raum vom Bildschnitzer Erasmus Grasser geschaffen wurden. Der Turm neben dem Rathausbau war ursprünglich ein Wehrturm der Stadtmauer, der Talburgtor genannt wurde. So wie andere Wehrtürme auch, war er früher mit Zinnen bekrönt. Im Laufe der Jahrhunderte veränderte sich sein Aussehen. Mal hatte er einen spitzen Turmhelm, mal einen runden zwiebelförmigen. Jetzt ist er so wiederhergestellt worden, wie er 1462 ausgesehen hat. Im Turm ist ein Spielzeugmuseum eingerichtet, das viele Spielzeuge zeigt, mit denen Kinder in früherer Zeit gerne gespielt haben: Puppen und Puppenstuben, Zinnsoldaten, Eisenbahnen, Holzautos und noch vieles mehr. Über eine Wendeltreppe gelangt man von Turmstube zu Turmstube. Im Zweiten Weltkrieg wurde das Rathaus durch Bomben schwer zerstört. Als man es wieder aufbaute, hat man es leicht verändert. Zum Beispiel gab es früher die Durchfahrten für den Verkehr noch nicht.

Begraben wurde er in der Frauenkirche. Ludwig der Bayer war ein bedeutender Kaiser", rasselte der Teufel herunter.

„Warum nennst du so viele Jahreszahlen? Die kann doch sowieso kein Mensch behalten", beschwerte sich Emma.

„Stimmt! Also, vor knapp siebenhundert Jahren war Ludwig der Bayer König. Später wurde er auch zum Kaiser des Heiligen Römischen Reiches Deutscher Nation* gekrönt und deshalb wurde München bis zu seinem Tode zur kaiserlichen Residenzstadt und Hauptstadt des Reiches. Bald reisten Gesandtschaften aus vielen Ländern an, um mit dem Kaiser die Politik zu besprechen und über wichtige Themen zu verhandeln. Auch Herzöge, Fürsten und andere hochstehende Persönlichkeiten trafen sich hier in der Hauptstadt. Deshalb machten die Händler und Handwerker gute Geschäfte und verdienten viel Geld. München wurde eine reiche Stadt mit etwa elftausend Einwohnern. Um sie vor Feinden zu schützen, ließ Ludwig eine größere Stadtmauer mit vier Stadttoren um die Stadt bauen. Die Bewohner der Stadt bekamen von Kaiser Ludwig viele Vorrechte und Vergünstigungen, vor allem beim Salzhandel. Er überlegte sich auch ein Stadtrecht, das nicht nur für München, sondern für alle bayerischen Städte gelten sollte. In ihm waren viele Regeln für das Zusammenleben der Bürger aufgeschrieben, zum Beispiel, dass sie ihren Mist und Kehricht nicht auf die Straße werfen durften, oder dass es verboten war, Schweine frei auf den Straßen herumlaufen zu lassen. Als 1327 eine Feuersbrunst den Großteil der Stadt zerstörte, erließ er eine Bauordnung. Ab sofort durfte kein Haus mehr aus Holz und Fachwerk errichtet und mit Stroh gedeckt werden. Nun mussten die Häuser aus Stein gebaut und das Dach mit Ziegeln gedeckt werden. Ein mittelalterlicher Kaiser war nicht oft zu Hause, weil er in seinem großen Reich viel zu tun hatte. Ständig zog er umher, um Entscheidungen zu treffen, Frieden zu stiften und Gericht zu halten. Und natürlich auch Kriege zu führen", beendete der Teufel seine lange Rede.

„Wo hat er gewohnt, wenn er mal in München war?", fragte Mercur.

„Kann ich euch zeigen. Können wir hingehen. Ist nicht weit von hier", antwortete der Teufel.

Ludwig der Bayer wird 1328 zum Kaiser des Heiligen Römischen Reiches Deutscher Nation gekrönt. (Gemälde in den Hofgartenarkaden* in München). Ludwig der Bayer hält schon den Reichsapfel in den Händen. Die Kugel steht für die Erde und die Weltherrschaft des Kaisers. Das Kreuz darauf ist das Zeichen für den christlichen Glauben. Seine Gemahlin hält das Zepter, den Herrscherstab für die weltliche Macht. Ludwig wird die Kaiserkrone mit dem Bügel auf das Haupt gesetzt.

Die Stadtmauer – durch vier Tore in die Stadt

Ludwig der Bayer ließ München vergrößern und von 1285 bis 1347 die neue Befestigung mit vier Stadttoren bauen: Das Schwabinger Tor im Norden, das Isartor im Osten, das Sendlinger Tor im Süden und das Neuhauser Tor im Westen. Außer den vier Haupttoren gab es noch mehrere kleinere Nebentore. Zwischen den Toren gab es zahlreiche Wachtürme. Bis heute haben sich drei Tore erhalten. Das Schwabinger Tor wurde 1817 abgerissen, weil es dem Odeonsplatz und der Ludwigstraße Platz machen musste. Diese zweite Stadtmauer hatte eine Länge von etwa vier Kilometern. Durch diese Erweiterung wurde München fünfmal größer als vorher.

Das Isartor

Das Isartor im Osten trennt die Altstadt von der Isarvorstadt und dem Lehel. Es hat ein Mitteltor mit drei Durchgängen und einen großen, vierzig Meter hohen Hauptturm. Rechts und links sind Verteidigungstürme vorgesetzt. Durch das Tor zogen nicht nur die Händler und Kaufleute in die Stadt ein und aus, sondern auch Kaiser und Könige: 1491 Kaiser Maximilian, 1530 Kaiser Karl V., 1632 König Gustav II. Adolf.

Das Mitteltor schmückt ein langes Wandgemälde. Es zeigt die „Schlacht bei Ampfing" im Jahre 1322 zwischen Ludwig dem Bayern und Friedrich dem Schönen. Es gab Streit zwischen ihnen, weil beide König werden wollten. In der letzten und größten Ritterschlacht des Mittelalters nahm Ludwig seinen Gegner Friedrich gefangen. Damit war Ludwig der Sieger. Auf dem Schlachtfeld hat man bis heute noch viel von dieser Schlacht gefunden: Dolchklingen, Armbrust- und Pfeilspitzen, Streitäxte, Pferdezähne und jede Menge Knochen. Vor etwa 180 Jahren wollte man das Tor abreißen, weil es alt und schäbig, und zu nichts mehr nütze war. Als man schon einen Teil zertrümmert hatte, kam aber plötzlich ein Befehl von König Ludwig I.: Das Tor soll stehen bleiben! Also wurde wieder aufgebaut und das Mitteltor 1833 mit dem Schlachtengemälde verziert.

Das Sendlinger Tor

Auch das Sendlinger Tor im Süden trennt die Altstadt von der Isarvorstadt. Durch dieses Tor führte der Weg für Händler und Kaufleute nach Österreich und Italien. Es hatte einen Mittelturm und jeweils einen Flankenturm an jeder Seite. Im Laufe der Jahrhunderte wurde es verändert und musste sich dem neuzeitlichen Verkehr anpassen. Am Sendlinger Tor ist noch ein Rest der Stadtmauer erhalten geblieben.

Das Karlstor

Das Karlstor im Westen lag an der Salzstraße. Es trennt die historische Altstadt von der Ludwigsvorstadt. Bis 1791 wurde es Neuhauser Tor genannt. Vor dem Karlstor liegt heute der Karlsplatz, der besser bekannt ist unter dem Namen Stachus.

Mit dem Teufel im Alten Hof

Nun standen sie im Alten Hof, der auch „Alte Veste" genannt wird, was so viel heißt wie Alte Festung. Diese Burganlage an der Nordostecke der Stadt war der Regierungssitz der Herzöge aus der Familie der Wittelsbacher, zu der auch Kaiser Ludwig der Bayer gehörte.

„Hier soll ein Kaiser gewohnt haben? Das glaub' ich nicht. Das habe ich mir anders vorgestellt". Emma hatte wohl an ein prächtiges Schloss gedacht und war enttäuscht.

„Der Alte Hof war der Regierungssitz der Wittelsbacher Herrscher. Diese Stadtburg bestand aus vier Stöcken", erklärte der Teufel.

„Was soll ich mir denn unter den Stöcken vorstellen?", fragte Emma gereizt nach.

„Vier Stöcke nannte man die vier Häuserblöcke, die um einen Innenhof herum gebaut waren. Wenn du mal richtig hinguckst, siehst du diese Häuserblöcke jetzt noch. Ich muss zugeben, dass man heute nicht mehr gut erkennen kann, dass es sich um eine mittelalterliche Anlage handelt. Manche Gebäude sind ja auch wieder neu errichtet worden, weil sie im Krieg zerstört waren. Aber an dem hohen Torturm kann man doch wirklich gut erkennen, dass es sich um ein altes Gebäudeteil handelt. Aber das wichtigste Gebäude der Burg war die *Lorenzikapelle*, die Hofkapelle. Hier wurden die Zeichen der Macht aufbewahrt. Die ‚Reichskleinodien', also die Krone, das Zepter, der Reichsapfel und auch noch andere Kostbarkeiten wie die Heilige Lanze oder das Reichsschwert. Dieser Schatz musste natürlich streng bewacht werden. Vier betende Mönche hielten Tag und Nacht Wache davor, damit nichts geklaut wurde."

„Und wo ist die Lorenzikapelle jetzt?", fragte Emma nach.

„Die ist weg. Die gibt es nicht mehr."

Der Alte Hof. Die Burganlage war der Regierungssitz der Wittelsbacher Herrscher. Heute wird die Burg „Alter Hof" genannt, weil später die „Residenz" zum neuen Regierungssitz wurde.

„Und wo sind diese Reichskleinteile?"

„Die sind woanders."

„Und wo?"

„Woanders habe ich doch gesagt."

„Ich will wissen wo. Verstehst du mich? Wo sind die jetzt? Wo sind die hingekommen?", fragte Emma den Teufel genervt.

„Tsss ... tsss ... Das gehört nicht zum Mittelalter. Das kann dir das Kindl, oder weiß der Himmel wer erzählen. Von mir erfährst du das nicht. Ich bin dafür nicht zuständig."

Es war nichts zu machen. Der Teufel blieb stur.

„Des mach' mer später, wenn ma in die Residenz gehen. Da kannst sie sehn", flüsterte das Kindl Emma ins Ohr, während der Teufel weiterredete.

„Ludwig versammelte viele bedeutende fortschrittliche Persönlichkeiten und kluge Köpfe an seinem Hof: Professoren und Philosophen* der Universitäten, und Geistliche* aus Deutschland, Italien, Frankreich und England. Mit ihnen diskutierte er über wichtige Fragen der damaligen Zeit. Zum Beispiel, ob der Kaiser mehr Macht haben soll oder der Papst. Es ging also um die weltliche Macht und die kirchliche Macht. Bei seinen Untertanen war Ludwig sehr beliebt und als er auf der Jagd starb, waren sie furchtbar traurig.

Zwei Jahre nachdem Ludwig tot war, wütete 1349 die Pest in München, der Schrecken aller Bürger. Am ‚Schwarzen Tod' starben reiche Bürger und arme Teufel, fromme Christen und Diebesgesindel, unschuldige Kinder und klapprige Alte. Niemand war sicher vor der Ansteckung. Niemand wusste, wodurch die Krankheit zum Ausbruch kam und wie man sie besiegen konnte. Man war ratlos und suchte nach Erklärungen. Man redete nun davon, dass die Juden die Brunnen in der Stadt vergiftet hätten, und machte sie verantwortlich für das große Sterben und das Elend der Menschen. Deshalb vertrieb man sie aus der Stadt."

„Bist du bald fertig mit diesen schlimmen Sachen? Ich will davon nichts mehr hören! Ich will mal etwas Schönes hören! Oder was Lustiges", beschwerte sich Emma beim Teufel.

„Lustig? Glaubst du die Geschichte ist lustig? Die Zeit des Mittelalters ist voll von Zank und Streit und Krieg und Hass und Eifersucht und Habsucht und Lug und Trug und Krankheit und Tod. Aber du kannst dich freuen. Ich kenne eine Geschichte, bei der sogar mein hartes Teufelsherz ganz weich wird. Und diese Geschichte hat mit dem Alten Hof zu tun. Aber ob sie wahr ist, das müsst ihr selbst entscheiden."

„An wos dengsd'n? An den Affen? Des is a scheene G'schicht. Kemmts, mir setzen uns da um den Rand vom Brunnen herum, wenn der Deifi die G'schicht erzählt. Dann kenn mer auch glei zum Affentürmerl nüber seh'n. Also Deifi, pack ma's", brachte sich das Kindl ein.

„Du wolltest doch kein Bairisch mehr reden", flüsterte Mercur dem Kindl ins Ohr. „Versprochen ist versprochen!"

Wie das Affentürmchen zu seinem Namen kam

Der Vater von Kaiser Ludwig dem Bayern bekam immer viel Besuch von hohen Herrschaften, die im Alten Hof ein- und ausgingen. Einmal kam ein Freund aus dem fernen Morgenland und brachte ihm ein Äffchen als Geschenk mit. Es war ein lustiges Tierchen. Alle hatten Freude an ihm, wenn es in der Burg spielte und am Erker und auf den Dächern herumtollte. Am besten gefiel dem Äffchen das Kinderzimmer im Alten Hof. Hier lag der kleine Ludwig in der Wiege und schlummerte. Wenn das Äffchen ihn so sah, wurde es auch gleich müde, machte die Augen zu und schlief ein.

Eines Tages hatte das Kindermädchen vergessen, die Tür zum Kinderzimmer zu schließen. Plötzlich steckte ein Schwein seinen Kopf ins Zimmer. Dann spazierte es herein und grunzte laut. Das Äffchen schreckte aus dem Schlaf hoch und wunderte sich. Nun lief das Schwein hierhin und dorthin und suchte etwas zum Fressen. Es rüsselte mit seiner Schweineschnauze an allem herum. Auch am Gesicht des kleinen Ludwig. Dann stupste das Schwein ihn so mit seinem Rüssel, dass er auf den Bauch rollte. Nun machte sich das Schwein an seinem Hinterteil zu schaffen. Der kleine Affe beobachtete alle seine Bewegungen und als es immer noch am Hinterteil des kleinen Ludwigs stupste und schnupperte, sprang er plötzlich dazwischen und packte sich das Baby. In diesem Moment kam das Kindermädchen zurück ins Zimmer. Es sah die leere Wiege, das Schwein und das Äffchen mit dem Baby und schrie wie am Spieß um Hilfe. Das Schwein rannte von Panik ergriffen aus dem Zimmer. Auch das Äffchen mit dem Baby in den Armen rannte durch die Tür hinaus und durch den ganzen Palast, die Treppen rauf und runter, durchs offene Fenster hinaus und wieder hinein, in Zimmer und Kammern bis aufs Erkerdach. Dort oben blieb es mit dem Baby im Arm sitzen und sah hinunter in den Hof. Mittlerweile war der ganze Hofstaat in Aufregung und alle rannten umher: der Herzog, die Herzogin, Grafen und Gräfinnen, das Kindermädchen, Knechte und Mägde, Koch und Köchin, Stallbursche und Stallmeister. Alle hatten Angst um das Baby. Wie schnell konnte es aus den haarigen

Armen des Äffchens tief hinunter auf das Pflaster des Hofs fallen! Eilig legten sie Kissen und Decken aus, damit dem Kind beim Fallen nichts passiert. Plötzlich tauchte das Schwein wieder auf. Es hatte eine dicke Rübe gefunden und schmatzte friedlich und mit Genuss daran herum. Als das Äffchen das friedliche Schwein sah, kletterte es mit dem Baby im Arm behände den Turm hinunter, lief schnurstracks ins Kinderzimmer, legte den kleinen Ludwig wieder in die Wiege und schaukelte ihn in den Schlaf. Von diesem schmatzenden Ferkel ging keine Gefahr mehr aus! Dem Herzog und der Herzogin und allen im Alten Hof fiel ein Stein vom Herzen und sie freuten sich über den guten Ausgang des Ereignisses. Das Baby wurde später Kaiser – Kaiser Ludwig der Bayer. Ab dem Jahre 1255 residierten die Wittelsbacher im Alten Hof in München. Die Abbildung zeigt eine Darstellung von Carl August Lebschée vor etwa 200 Jahren. Der Torturm und der Erker mit dem Namen „Affentürmchen" sind bis heute fast unverändert erhalten.

„Was ist denn mit dem Schwein passiert?", fragte Emma nach.

„Was weiß ich. Vielleicht hat der Metzger es eingefangen und Wurst und Schinken und Kotelett draus gemacht. Oder es war schon wieder weggerannt. Das ist doch auch egal. Guckt euch lieber das Affentürmchen da drüben an", sagte der Teufel und zeigte auf den schön geschnitzten Erker.

„Des Schwein war kein Hausschwein. Des war ein *Tönlschwein*. Eine *Antoniussau*. Der heilige Antonius war der Schutzheilige der Haustiere. In jedem Stadtviertel durfte so eine arme Sau herumlaufen und nach Essensresten wühlen. Wenn sie fett war, wurde sie geschlachtet, zu Schinken und Kotelett und Rippchen zerteilt und der Rest verwurstet. Fleisch und Wurst bekamen dann die Armen der Stadt, die sonst tagein tagaus nur Brei löffelten und nichts zu beißen hatten. Den Münchnern war es streng verboten, ihre Haustiere auf den Straßen und Gassen frei herumlaufen zu lassen. Aber sie haben trotzdem *die Sau rausglassen*."

„Sagt man das nicht heute noch, wenn sich jemand schlecht benimmt und was macht, was man eigentlich nicht tut?", fragte Emma.

„Jo, da hast recht. Da in Minga lassen so manche *die Sau raus*. Wenn's zuviel trunken ham und beim Feiern sind, vergessen's manchmal, was Anstand ist."

„Ich kenne noch jemand, der manchmal die Sau rauslässt", sagte Emma und drehte sich zum Teufel um. Aber der hatte gar nicht zugehört und auch während das Kindl vom Tönlschwein erzählt hatte, war er mit sich selbst beschäftigt. Er fuhr sich mit der Pranke zwischen den Hörnern durch sein kratziges Fell am Kopf, zupfte den Dreck aus seiner Schwanzquaste, bohrte sich erst in dem einen, dann in dem anderen Ohr herum und kratzte den Dreck aus dem Pferdefuß. Nachdem er sich noch im Mund und in den Zähnen herumgepult hatte, war er fertig.

„Ist was?", fragte er. Aber alle schüttelten den Kopf.

Nun lief der Teufel auf dem Pflaster im Alten Hof umher und knallte laut mit seinem Pferdefuß darauf herum. Dann stellte er sich zu einem Stadtführer, der mit seiner Gruppe am Affentürmchen stand. Er erzählte gerade, dass die Wittelsbacher Herzöge ihre Burg immer außerhalb der Stadtmauern bauten. Aus Sicherheitsgründen, denn sie wollten sich einen Fluchtweg offen halten, wenn es zu Unzufriedenheit und Aufständen der Bevölkerung kam, die sich nicht alles von den Wittelsbachern gefallen lassen wollte und sich zum Beispiel gegen hohe Steuern wehrte. Um 1400 sind die Wittelsbacher von der Alten Veste in die Neue Veste umgezogen, die wieder außerhalb der Stadt lag und sogar von einem Wassergraben umgeben war. Die Stadt war so groß geworden und die Häuser standen so dicht um die Alte Veste herum, dass man sie nur schwer verteidigen und auch schwer daraus flüchten konnte. Später ist aus der Neuen Veste allmählich die Residenz entstanden, an der jeder Herrscher nach seinem Geschmack an- und umbaute.

Der Teufel scharwenzelte um die Gruppe herum, nahm seinen Teufelsschwanz in die Hand und kitzelte blitzschnell mit der Schwanzquaste den Männern in kurzen Hosen an den Waden und in den Kniekehlen herum und den Frauen am Nacken und an den Armen. Einem Kind wuselte er sogar im Ohr herum, bis es zu weinen anfing. Alle drehten sich um und machten Verrenkungen, um die Ursache für den Kitzel zu finden. Das sah sehr komisch aus und der Teufel amüsierte sich darüber. Bald entstand in der Gruppe so eine große Unruhe, dass niemand mehr dem Stadtführer zuhörte. Emma hatte den Teufel eine Zeit beobachtet und ging zu ihm hin.

„Hör auf damit! Lass die Leute in Ruhe! Das gibt Ärger", zischelte sie und zog den Teufel beiseite. Aber die Gruppe verließ ohnehin kurz

Der Alte Peter auf dem Petersbergl

darauf den Alten Hof und der Teufel kam ungeschoren davon.

„Was machen wir jetzt? Wie geht es nun weiter? Bist du fertig mit dem Mittelalter?", wollte Mercur vom Teufel wissen. Aber der antwortete nicht.

„Mit'm Alten Peter kennt's weitergehn. Mit der ersten Kirch' von München. Des tat scho zum Mittelalter passen", fiel dem Kindl ein.

Jetzt hätte man den Teufel erleben sollen. Er tobte und fluchte so, dass es selbst einem waschechten Münchner zu viel gewesen wäre. „Sauscheißdreck" und „Mist, verdammter" waren noch harmlos.

„Teufel gehen nicht in Kirchen! Schon gar nicht in den Alten Peter. Da gibt's Geschichten über Teufel. Wie kannst du mir mit dem Alten Peter kommen?!", schrie er. Erst als das Kindl ihn anbrüllte, er solle das Maul halten: „Hoits Mei und schleich di!", hörte er auf und war rubbeldiekatz verschwunden. Nun war Ruhe.

„Mir kenna uns am Isartor wiedertreffen", rief das Kindl ihm noch hinterher. Aber keiner wusste, ob der Teufel es gehört hatte.

Der Alte Peter auf dem Petersbergl – die erste Kirche Münchens

„Wenn's stimmt, was man sich erzählt, wohnten auf dem Petersbergl schon Leut, bevor Heinrich der Löwe die Stadt München gründete", sagte das Kindl und begann auf dem Weg zum Alten Peter das Lied zu singen:

> Solang der Alte Peter
> Am Petersbergl steht
> Solang die grüne Isar
> Durchs Münchner Stadterl geht
> Solang da drunt am Platzl
> Noch steht das Hofbräuhaus –
> Solang stirbt die Gemütlichkeit
> bei de Münchner niemals aus.

„I bin froh, dass des Deppal von Deifi weg is, denn beim Alten Peter soll'n alleweil seine Spezl die Hand im Spiel g'habt ham, als er dreimal zerstört worden is. Bei der letzten Zerstörung im Zweiten Weltkrieg wollte man ihn gar nicht wieder aufbauen. Er lag so hoffnungslos in Schutt und Asche, dass nur noch die Außenmauern standen. Man wollte sie sprengen, und eine völlig neue Kirche an die Stelle setzen, weil man sich nicht vorstellen konnte, sie wieder aufzubauen. Die Sprenglöcher für das Dynamit waren schon gebohrt, aber da wurden die Münchner nachdenklich und wollten doch ihren Alten Peter wiederhaben und sie begannen mit dem Wiederaufbau. Die Arbeiten gingen ziemlich schnell voran, aber im Innern dauerte es etwa fünfzig Jahre, bis alles wieder wie vor der Zerstörung war. Erst im Jahre 2000 strahlte das Deckengemälde wieder so, wie es viele Münchner noch von früher her kannten und wie es heute wieder zu sehen ist", erzählte das Kindl.

Der „Alte Peter"

Die erste Peterskirche auf dem Petersberg ist wohl zur späten Römerzeit oder im frühen Mittelalter entstanden. Schon bevor Heinrich der Löwe München gründete, hatten sich auf dem Petersbergl, wie ihn die Münchner nennen, Mönche angesiedelt. Das erste kleine Kirchlein war aus Holz gebaut. Danach entstand eine Kirche aus Stein im romanischen Baustil*, die der Bischof von Freising dem heiligen Peter weihte. Beim großen Stadtbrand von 1327 brannte auch die Peterskirche ab. Später wurde sie im gotischen Baustil* wieder aufgebaut. Vor mehr als 200 Jahren wurde sie im Rokoko-Stil*umgestaltet, erhielt den neuen Hochaltar im Chor und Malereien an der Kirchendecke. Im Zweiten Weltkrieg wurde sie durch die Volltreffer von zwei Sprengbomben fast völlig zerstört und man glaubte nicht daran, sie jemals wieder aufzubauen. Deshalb plante man schon einen Neubau. Aber dann kam es doch anders. Die Münchner wollten ihren Alten Peter wiederhaben und bauten ihn nach altem Vorbild wieder auf.

Als sie in die Kirche traten, war der Gottesdienst gerade vorüber und dicke Weihrauchnebel durchzogen das hohe Kirchenschiff.

Das Kindl führte sie zuerst zu dem berühmten riesigen Hauptaltar, der schon vor mehr als fünfhundert Jahren entstanden ist.

„Er ist nicht aus purem Gold", sagte es sofort, „er ist nur vergoldet." Dann zeigte es auf den heiligen Petrus mit der gewaltigen Papstkrone auf dem Kopf. „Wenn ein Papst stirbt, nimmt der Pfarrer des Al-

Der Teufel und der Petersturm

Früher hatte der Alte Peter nicht nur einen, sondern gleich zwei Kirchtürme. Immer wieder ärgerte der Teufel sich darüber und schimpfte, was das Zeug hielt.

„Himmelarschundzwirn. Ich muss sie zerstören", dachte er. Bald fiel ihm ein, wie er sein teuflisches Werk in die Tat umsetzen konnte. Er ließ den Föhn blasen, den warmen, trockenen Fallwind. Dann schob er Gewitterwolken heran und schon bald krachten und knallten und schepperten die Blitze über München. Auch über der Peterskirche braute sich ein Gewitter zusammen und plötzlich schlug der Blitz in die Türme ein. Im Nu brannten sie lichterloh bis auf das Kirchendach hinunter und der Teufel hatte seine Freude.

Nun wollten die Münchner aber die Türme wieder aufbauen und sie sammelten eifrig Spenden. Dieses Geld nannten sie den „Peterspfennig". Als sie genug beisammen hatten, bauten sie anstatt der zwei Türme aber nur einen viereckigen Turm wieder auf.

Der Hochaltar von St. Peter mit der Petrus-Statue von Erasmus Grasser, dem Künstler der Moriskentänzer

ten Peter dem Petrus die Krone ab. Dann kommt sein halber Glatzkopf zum Vorschein, den er sonst unter der Papstkrone versteckt hat. Wenn ein neuer Papst gewählt ist, wird ihm die Krone wieder aufgesetzt. Das Buch, das Petrus in der Hand hält, ist die Bibel. Daraus liest er den vier Kirchenfürsten zu seinen Füßen vor."

Emma und Mercur schauten sich den Altar mit den zwanzig größeren und kleineren Putten*, den sieben Engeln, den Strahlen, Wappen, Blumenranken, Vorhängen und dem ganzen Zierrat eine ganze Weile an und staunten über so viel Prunk. Dann gingen sie durch das Kirchenschiff zurück, entdeckten hoch oben das Deckengemälde mit der Kreuzabnahme Christi und dem ganzen himmlischen Personal, den Putten und Engeln, die sie gar nicht alle zählen konnten, so viele waren es.

Dann zeigte das Kindl ihnen noch in einer Seitenkapelle den Schrein mit den Überresten der heiligen Munditia. Emma war entsetzt, als sie das mit Edelsteinen und Perlen geschmückte Skelett im Reliquienschrein* sah. „Corpus Sancta Munditia Martyris" stand darauf.

„Hier ruht der Leib der Märtyrerin Munditia", übersetzte Mercur die lateinische Schrift.

„Und was hat sie für ein Martyrium* erlitten?", fragte Emma. Mercur ging näher an den Schrein heran und begann zu lesen: „DDM ...", dann murmelte er nur noch vor sich hin.

„Da steht es: APC, das war ihr Martyrium."

Deckengemälde im Alten Peter mit der Kreuzabnahme Christi

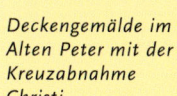

Der Kampf mit dem Teufel

Als der Alte Peter nach dem fürchterlichen Stadtbrand einen neuen Kirchturm bekommen hatte, wurden auch eine Stube und ein Umgang für den Turmwächter eingerichtet. Eines Tages, als er wieder einmal wachsam auf dem Turm umherging und nach Feuer Ausschau hielt, stand der Teufel mitsamt seinen Hilfsteufeln vor ihm. Sie rissen ihn an den Haaren, zogen Fratzen, packten ihn mit ihren Klauen, piksten ihn hier und da und überall, und machten Geräusche, die ihm Angst einjagen sollten. „Huuuhhh ..." und „Häääähhh ..." und „Hooohhh ..." und „Buuuhhh ..." klang es durch die Nacht. Aber der Wächter ließ sich keine Angst machen und wollte sich nicht unterkriegen lassen. Er sprang in die Stube und holte ein Kruzifix. Dann ging der Kampf los! „Verschwinde, Deifi", rief er, „Halt dein Maul, sonst setzt es was mit dem Kreuz." Nun brüllte der Teufel zurück: „Ich schmeiß dich samt deinem Kreuz vom Turm hinunter auf den Rindermarkt!" So ging es hin und her, bis der Turmwächter dem Teufel schließlich das Kruzifix in den Bauch rammte. Aber die Hilfsteufel sprangen ihm zur Seite und zerrten den Wächter von hinten zum Geländer und rissen ihm die Füße unter dem Leib weg, sodass er hinfiel. Sie packten ihn und wollten ihn schon über das Geländer schmeißen ... Da schlug die Turmuhr eins und der Spuk war vorüber. Alles war wie vorher. Nur die oberste Turmspitze hatte beim Gerangel mit den Teufeln um Mitternacht etwas abbekommen. Seit diesem Tag ragt sie leicht schief in den Münchner Himmel.

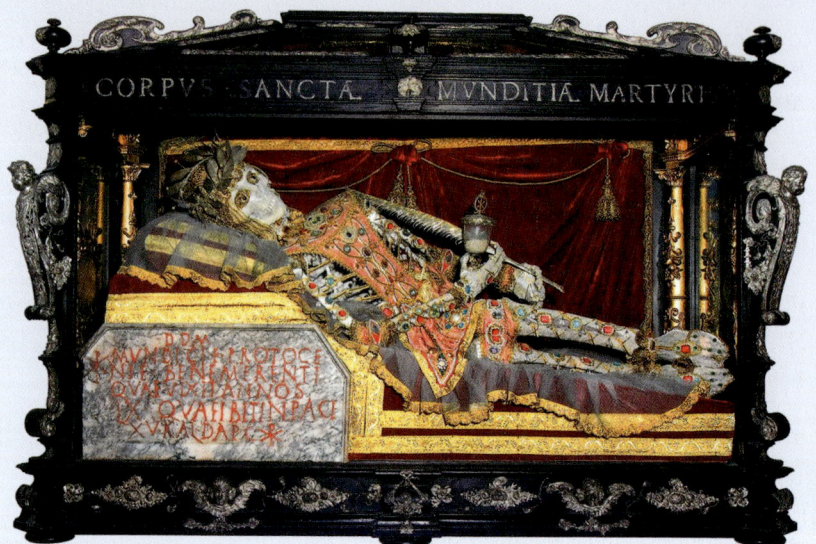

Schrein der hl. Munditia, der Beschützerin der alleinstehenden Frauen, in der Kapelle „Altar der Heiligen Matthäus und Matthias" im Alten Peter. Der Reliquienschrein wurde vom Goldschmied Franz Keßler angefertigt.

„Und was heißt das?"

„*Ascia Plexa Capita*", sagte er.

„Du sollst das übersetzen. Das ist doch Latein, das verstehe ich nicht!", forderte Emma.

„Das heißt ‚Mit dem Beil enthauptet'. Im Jahre 310 soll das gewesen sein, am 17. November."

„Warum enthauptet?"

„Das war zu der Zeit, als die Christen wegen ihres Glaubens verfolgt wurden. Sie wollten dem römischen Kaiser nicht huldigen. Sie sagten, dass es nur einen Gott Jesus Christus gibt. Deshalb haben viele Christen ein Martyrium auf sich genommen. Heute nennt man sie Märtyrer."

„Mmm. Wusste ich noch nicht. Guck mal die Augen. Die sehen total lebendig aus."

„Die sind aus Glas", sagte Mercur.

Beide rätselten, ob die vielen Perlen und Edelsteine echt waren oder nicht. Dann verließen sie die heilige Munditia.

Im Alten Peter gab es noch viel zu bewundern. Aber erst einmal hatten sie genug gesehen und außerdem konnte Emma den Weihrauch nicht vertragen.

„Wir können auf den einundneunzig Meter hohen Turm des Alten Peter steigen. Dreihundertsechs Stufen hoch. Wir kommen auch an der Glockenstube vorbei", sagte das Kindl als sie wieder draußen waren. „Von oben könnt ihr bei Föhnwetter hundert Kilometer weit bis zu den Alpen sehen. Ich war schon oft oben."

Aber Emma hatte keine Lust, so viele Stufen zu steigen, außerdem drängelten sich die Touristen vor dem Eingang.

„Wartet, bis ich wieder bei euch bin", sagte Mercur, richtete seinen Flügelhut und entschwand durch die Luft auf den Turm vom Alten Peter. Oben hatte er eine wunderbare Aussicht auf München und die Alpen.

„Hinter dem Gebirge liegt mein Heimatland, mein geliebtes Italien", dachte er.

„Warum hat der Turm zwei Uhren untereinander?", fragte Emma das Kindl, während sie auf Mercur warteten.

„Der hat nicht nur zwei, sondern an jeder Seite zwei Uhren."

„Acht Uhren? An einem Turm? Warum?"

„Weil, weil, weil ... Jo mei, damit halt acht Leut gleichzeitig auf die Uhr schauen können", erklärte das Kindl.

„Das ist eine komische Antwort. Das ist Quatschkäse! Das ist Blödsinn!", dämmerte es Emma und sie lachte.

„Das hat der sehr berühmte Komiker Karl Valentin gesagt. Aber die richtige Erklärung ist diese: Nachdem 1607 der Blitz die Türme vom Alten Peter zerstört hatte, baute man nur noch einen Turm mit einer Uhr an jeder Seite wieder auf. Als die Turmbekrönung ausgewählt werden musste, entschied man sich für die luftige Ausführung mit den Säulen und den vier Bogenfeldern. Darin waren aber schon die Vorrichtungen für die Uhren eingearbeitet. So wurde der Turm des Alten Peters zu einem Acht-Uhren-Turm.

Und jetzt gehen wir zum Isartor", bestimmte das Kindl als Mercur wieder gelandet war.

Den Turm vom Alten Peter muss man zu Fuß besteigen. In 91 Metern Höhe kann man mit einem großartigen Blick, manchmal bis zu den Alpen, belohnt werden.

Der Merkurbrunnen

„Auf dem Weg zum Isartor zeige ich euch was Schönes", versprach das Kindl.

Als sie bei der Mohrenapotheke angelangt waren, blieb es stehen und wartete. Es dauerte eine Weile, bis Mercur den Brunnen mit der Merkurstatue darauf entdeckt hatte.

„Oh", sagte er, „das ist ein *Mercurius volante*, ein fliegender Merkur. Er steht so auf den Zehenspitzen, als wolle er sich gleich in die Lüfte erheben."

„Der hat einen schönen Popo und eine sportliche Figur. Sogar den Stab mit den Flügeln hat er bei sich. Aber warum steht er auf einem Kopf?", fragte Emma und ging näher heran, um besser sehen zu können.

„Er steht auf dem Kopf von *Argus*. In einer Sage aus dem Altertum wird davon erzählt." Mercur ließ sich nicht lange bitten und erzählte die Sage aus der Götterwelt.

Als sie so beim Brunnen standen, gesellten sich auch einige Passanten neugierig zu ihnen. Manche blieben stehen und starrten dem flie-

Merkurbrunnen

Das Vorbild für die Merkurstatue auf dem Brunnen im Tal ist die Statue des italienischen Künstlers Giovanni Bologna, der das Kunstwerk vor etwa 400 Jahren geschaffen hat. Heute ist diese Merkurstatue in einem Museum in Florenz ausgestellt. Figuren aus Bronze waren sehr beliebt, weil sie perfekte ideale Körper zeigten: Einen knackigen Po, straffe Beine und eine muskulöse Brust. Im Jahre 1902 wurde der erste Merkurbrunnen in München aufgestellt. Als München im Zweiten Weltkrieg in Schutt und Asche gebombt wurde, bekam er auch seinen Teil ab. Man stellte den ramponierten Brunnen auf einem städtischen Bauhof ab und vergaß ihn. Erst 1974 wurde der Brunnen wieder hergerichtet und im Tal aufgestellt. 1993 wurde die Merkurstatue vom Brunnen gestohlen und tauchte nicht wieder auf. Aber nach einem Jahr stand eine nagelneue Bronzestatue auf dem Kopf des Argus.

genden Merkur aus Bronze auf das Hinterteil und auf die schönen Beine und lauschten Mercurs Geschichte. Und dann fragten sie nach und sagten, das hätten sie überhaupt nicht gewusst und sie hätten den Brunnen mit dem fliegenden Merkur auf dem Kopf des Argus noch nie gesehen, obwohl sie fast jeden Tag daran vorbeilaufen.

„Man sieht eben nur, was man weiß", sagte Emma zu ihnen.

„Schreibst deinen Namen mit'm ‚c' oder mit'm ‚k'?", wollte das Kindl plötzlich von Mercur wissen.

„Eh ..., mit ‚c'. Warum fragst du das?"

Der Merkurbrunnen vor der Mohren-apotheke

„Weil der Merkur vom Brunnen sich mit ‚k' schreibt."

„Das ist auch bei anderen Namen so", fiel Emma ein. „Zum Beispiel bei Clara und Klara, oder bei Marcus und Markus, oder Carla und Karla oder Niclas und Niklas und Lucas und Lukas."

Dann gingen sie weiter zum Isartor. Schon von Weitem war ihnen, als ob sie den Teufel gesehen hätten. Das Kindl hatte Hörner gesehen, Emma den Schwanz und Mercur meinte, er hätte den Pferdefuß auf dem Pflaster gehört.

Aber als sie im Tordurchgang standen, war vom Teufel nichts zu sehen.

„Aber ich rieche etwas", sagte Emma. „Der muss hier sein. Hier riecht es nach Erde und Feuer, eindeutig Teufelsgeruch."

„Hier ist ein Fehler", sagte Emma und zeigte im Tordurchgang auf eine Leuchte, unter der ein gelbes Schild hing.

Merkur und das Haupt des Argus

In der Götterwelt war Jupiter der oberste Gott und Juno seine Frau. Jupite
war zwar der oberste Gott, aber kein treuer Ehemann. Er traf sich gerne m
anderen Halbgöttinnen und amüsierte sich mit ihnen. Das passte Juno ga
nicht und sie beobachtete eifersüchtig alle Schritte ihres Gatten. Eines Tag
entdeckte sie ihn mit der wunderschönen Io. Jupiter hatte geahnt, dass Jur
ihm nachspionieren würde, und konnte Io noch schnell in eine wundersch
ne weiße Kuh verwandeln, bevor Juno auftauchte. Aber Juno ließ sich nich
täuschen. Sie bewunderte die Kuh und wollte sie von Jupiter zum Gescher
Was sollte Jupiter tun? Wenn er Juno die Kuh überließ, hatte er keine Ge-
liebte mehr. Überließ er ihr die Kuh nicht, war er verdächtig. Schweren He
zens entschloss er sich, ihr die Kuh zu schenken. Damit Jupiter sie nicht
heimlich wieder in die schöne Io verwandeln konnte, brachte Juno die Kuh
zu Argus. Er sollte sie bewachen. Argus hatte hundert Augen im Kopf, von
denen immer nur zwei im Schlaf geschlossen waren. Nun zog Argus m
der Kuh von Weide zu Weide im Land umher und kam auch in die H
mat von Io. Dort sah sie ihren Vater. Aber er erkannte seine
Tochter in der Gestalt einer Kuh nicht bis sie begann, mit
dem Fuß auf den Boden zu schreiben. Dann dämmerte es
dem Vater, dass die Kuh sein eigenes Kind war.
Jupiter konnte das Leid von Io, die tagein, tagaus als Kuh weid
musste, bald nicht mehr ertragen. Er bat Merkur um Hilfe. Er sollte Argus
das Augenlicht nehmen und Io befreien. Merkur setzte seinen Reisehut au
nahm seinen Stab und machte sich zu Argus auf. Dort gab er vor, ein Hir
zu sein und spielte auf der Flöte. Die schönen Melodien schläferten Argus
ein, aber er machte immer nur zwei Augen zu. Dann begann Merkur Geschichten zu erzählen und Argus fiel ein Auge nach dem anderen zu, bis
endlich alle hundert Augen geschlossen waren. Zusätzlich betäubte Merku
ihm mit seinem Zauberstab die Augenlider. Während Argus tief im Schlaf
versunken war, griff Merkur zu seinem kurzen Schwert, das er unter seiner
Hirtenrock verborgen hatte, und hieb ihm den Kopf ab. Io war nun von ih
rem Bewacher befreit, aber immer noch in eine weiße Kuh verwandelt. Er
als Juno Mitleid mit ihr hatte, durfte Jupiter ihr die menschliche Gestalt z
rückgeben.

Das Valentin-Musäum

„Hier steht *Musäääum*. Valentin-Karlstadt-*Musäum*. Aber es muss *Museum* heißen. Mit ‚e', nicht mit ‚ä'. Wie kann man nur so einen Fehler machen! Das weiß doch jeder, dass es *Museum* heißt und nicht *Musäum*. Warum machen die das nicht weg? Was ist da überhaupt drin, in dem Musäum?", fragte Emma das Kindl.

„Winterzahnstocher", sagte das Kindl.

„Was? Was ist das denn? Kenn' ich nicht."

„Na, Zahnstocher mit Pelz", erklärte ihm das Kindl.

„Bist du übergeschnappt?", fragte Emma frech.

„Nein. Das stimmt! Aber hier ist auch ein Rohrstock ausgestellt, ein Prügelstock."

„Und warum?"

„Weil früher die Kinder in den Schulen mit dem Stock verprügelt wurden. Dieser Stock soll der Letzte gewesen sein, der auf einen Kinderpopo niedersauste, bevor das Prügeln von Kindern streng verboten wurde."

„Das ist wirklich komisch. Das muss ein komisches Museum sein", sagte Emma. Und dann entdeckte sie das Schild neben dem Eingang: *99-Jährige in Begleitung ihrer Eltern haben freien Eintritt.*

„Das ist Quatsch. Wenn man neunundneunzig Jahre alt ist, hat man doch keine Eltern mehr. In diesem Valentin-Karlstadt-Musäum ist Quatsch ausgestellt, oder?", fragte sie das Kindl.

„Jo! Der Karl Valentin war a Sprachspieler. Der war a Wortakrobat, a Wortspielkünstler, Komiker und Schauspieler. I kann gar net g'nau sag'n wie man so was, was der g'macht hat, nennt. Der hat Stücke geschrieben und sie im Theater mit seiner Partnerin, der Liesl Karlstadt aufgeführt. Die Leut ham sich krumm gelacht – und a bissel nachdenkt. Der hat so Sachen gesagt wie: *Jeden Morgen wenn ich ins Geschäft gehe, da schau ich zur Rathausuhr hinauf, wie viel Uhr es ist, und da merke ich's mir gleich für den ganzen Tag und nütze meine Uhr nicht so ab.* Oder: *Von gestern bis heute habe ich drei Wochen nicht geschlafen.* Der hat auch gesagt: *Wussten Sie schon, dass man ein weiches Ei nicht als Zahnstocher benutzen soll?* Er spielte auch eine Geschichte: Bei einer Kontrolle hält ein Schutzmann einen Radfahrer an und fragt ihn nach seinem Namen. Der Radfahrer antwortet: ‚Wrdl Wrdlbrmpfd'.

Valentin-Karlstadt-Musäum – ein Schreibfehler oder Absicht?

Das Hofbräuhaus

Das Hofbräuhaus in München steht am Platzl 9. Es ist so berühmt, dass fast jeder schon davon gehört hat. Und nahezu jeder, der nach München kommt, besucht auch das Hofbräuhaus. Es hat eine lange Geschichte, die vor über 400 Jahren begann. Herzog Wilhelm V. wollte für seinen großen Hof mit vielen Bediensteten und Besuchern eigenes Bier brauen. Deshalb gründete er in München die Hofbräu-Brauerei. Seit 1830 wurde das Bier dann auch in einer Gaststätte ausgeschenkt. Von seiner Gründung an war die Brauerei im Besitz bayerischer Herrscher, bis König Maximilian II. sie im Jahr 1852 dem bayerischen Staat übergab.

Das weltberühmte Münchner Hofbräuhaus

Heute ist in der großen Gaststätte mit den verschiedenen Räumen immer gute Stimmung, für die auch eine eigene Musikkapelle sorgt. Im Sommer kann man im Innenhof unter alten Kastanienbäumen das Hofbräu-Bier trinken.

Für die Besucher aus aller Welt gibt es im Hofbräuhaus viele Andenken zu kaufen.

Der Schutzmann kann das nicht verstehen und fragt nochmal nach. ,Wrdl Wrdlbrmpfd', antwortet der Radfahrer. Der Schutzmann fragt nochmal und nochmal, bis er den Radfahrer schließlich fahren lässt, weil er dessen Namen nicht versteht."

„Der gefällt mir, dieser Karl Walentin. Der ist komisch, der macht Blödsinn", sagte Emma.

„Der heißt *Vvvalentin!*", schrie das Kindl. „Das hat den Karl fuchsteufelswild gemacht, wenn das einer mit ‚W' gesagt hat. Dann hat er geschrien: ‚Nenn mich nicht Walentin! Man sagt auch nicht Water, wenn man Vater meint, und nicht Wogel, wenn man Vogel meint'."

„Das ist lustig", sagte Mercur und fing ein Spielchen mit den Wörtern an: „Veilchen-Weilchen, Vergnügen-Wergnügen, Vorwurf-Worwurf, Vorfahrt-Wohrfahrt, Verrat-Werrat." Dann machten auch Emma und das Kindl mit und sie lachten sich krank.

„Worsicht", sagte Emma, „der Teufel kommt! Werdächtig, werdächtig. Der riecht nicht nur nach Erde und Feuer. Ich habe den Werdacht, dass er sich im Virtshaus herumgetrieben hat. Der riecht nach Bier."

„Tsss … tsss … Ist das verboten?"

„Nein, werboten ist das nicht. Aber es ist auch nicht schön. Du stinkst. Du bist blau wie ein Weilchen!"

„Das stimmt nicht", tobte der Teufel. „Ich war im Hofbräuhaus und habe mir angesehen, wie es in diesem weltberühmten Brauhaus zugeht. Da habe ich auch eine Maß Bier getrunken. Danach wollte ich mal gucken, wie es im Löwenkeller so aussieht und danach musste ich ins Augustiner und danach …"

„Werstehe", sagte Emma.

Die Münchner Bierbeschau

Schon immer wurde geprüft, ob das Bier ordentlich gebraut ist und genügend Hopfen, Malz, Hefe und gutes Brauwasser verwendet wurden. Für Bierpanscher gab es hohe Strafen. In München soll die Qualität des Bieres so geprüft worden sein: Die Bierbeschauer begossen eine Holzbank mit ein paar Maß Bier. Dann setzten sie sich mit ihren Lederhosen aus Hirschleder darauf und zechten eine Stunde lang, ohne sich zu rühren. War die Stunde abgelaufen, standen sie alle gleichzeitig von der Bank auf. Blieb die Bank an ihren Lederhosen am Hinterteil kleben und wurde mit hochgezogen, war das Bier von guter Qualität. Wenn die Bank aber stehen blieb oder von den Hinterteilen herunterfiel, hatte das Bier die Prüfung nicht bestanden.

Viktualienmarkt

In früheren Zeiten boten die Bauern ihre Lebensmittel auf dem Marktplatz vor dem Alten Rathaus an. Weil hier auch Getreide verkauft wurde, bürgerte sich der Name Schrannenplatz ein, denn in Süddeutschland war die „Schranne" der Getreidemarkt. Als dieser Platz zu klein wurde, richtete König Max I. am 2. Mai 1807 einen neuen Marktplatz bei der Peterskirche ein, auf dem Lebensmittel, also „Viktualien",

verkauft wurden. *Victualia* ist das lateinische Wort für Lebensmittel. Heute ist der Viktualienmarkt ein Paradies für Feinschmecker. Mitten auf dem Markt ist auch ein großer Biergarten, in dem man Bier und Limo trinken und Weißwurst, Haxen, Schnitzel oder Leberkäs' essen kann. Besonders bei den Touristen ist der Viktualienmarkt sehr beliebt.

Auf dem Viktualienmarkt finden auch viele Veranstaltungen statt. Zum Beispiel am 11. November die Vorstellung des Faschingsprinzenpaars und am Faschingsdienstag der Tanz der Marktfrauen.

Der Viktualienmarkt

„Sollen wir zum Viktualienmarkt? Da gibt es viele Lebensmittel und Weißwurst und Brezn und Andenken und Blumen."

„Was ist das denn? Witu ... Witu ... Wituuuuuuaaaliälileiäeie. Gibt's da auch Bier?", lallte der Teufel, der immer noch nicht nüchtern war.

„Da gibt es auch Bier. Und es gibt Brezn und Brot und Weißwurst und Radi und Gemüse und Käse und alles Mögliche zum Essen. Viktualien sind eben Lebensmittel. Auf dem Marktplatz stehen auch sechs Brunnen, jeder mit einem Denkmal darauf. Einer ist der Karl-Valentin-Brunnen, ein anderer der Liesl-Karlstadt-Brunnen", sagte das Kindl.

„Hä? Kar-Was-Brunnen?", fragte Emma nach.

„Karlstadt. Liesl-Karlstadt-Brunnen", verbesserte das Kindl schnell. „Da gehen wir jetzt hin."

Sie packten den Teufel unter den Armen und schleppten ihn vorwärts zum berühmten Lebensmittelmarkt von München. Er war nicht sehr weit vom Isartor entfernt und bald standen sie am Karl-Valentin-Brunnen.

„Das kleine dürre Männchen mit dem Regenschirm ist Karl Valentin? Den hatte ich mir anders vorgestellt. Der guckt so komisch in die

Welt. So nachdenklich." Emma verrenkte den Kopf und betrachtete das Denkmal von unten.

„Der steht in einem Fragezeichen auf einer Weltkugel und denkt über die Welt nach. Er fragt sich wohl, warum die Welt so ist, wie sie ist, und warum sie nicht anders ist, als sie ist. Deshalb guckt er auch bestimmt so nachdenklich und steht vielleicht deshalb im Fragezeichen", versuchte sie zu erklären.

„Da oben am Fragezeichen ist eine Teufelsfratze mit Hörnern. Da kommt Wasser raus. Das ist eine Unverschämtheit, eine Beleidigung für uns Teufel", empörte sich der Teufel. Aber dann ließ er sich auf den Brunnenrand sacken, kühlte sich mit dem Wasser die Stirn und hielt sein Teufelsmaul.

„Dieser Kopf soll an den Radfahrer und den Schutzmann erinnern, an den Wrdl Wrdlbrmpfd", begann das Kindl. „Guckt mal die Hand vom Valentin an. Die war mal ab. Kaputt gemacht. Aus lauter Zerstörungswut. Die musste mühsam wieder hergestellt werden, zuerst in Wachs geformt und dann in Bronze gegossen. Und dann musste sie noch angeschweißt werden."

„Kann man das sehen?", fragte Emma und alle guckten auf die Hand und forschten nach. Aber so richtig konnte keiner von ihnen sehen, dass sie neu angeschweißt war.

links: Karl Valentin als Brunnenfigur auf dem Viktualienmarkt

rechts: Liesl Karlstadt, die Partnerin von Karl Valentin, als Brunnenfigur auf dem Viktualienmarkt

Brunnendenkmäler auf dem Viktualienmarkt

Auf dem Viktualienmarkt erinnern sechs Brunnen an sehr bekannte und beliebte Volkssänger, Volksschauspieler und Komiker. Die berühmtesten über München hinaus sind Karl Valentin und Liesl Karlstadt, die zusammen auf der Bühne standen und bis heute unvergessen sind. Der Schauspielerin Elise Aulinger hat man auch ein Denkmal gesetzt. Ida Schumacher wurde schon mit 13 Jahren entdeckt, weil sie so gut singen konnte. Später studierte sie Gesang und wurde Schauspielerin. Mit der Rolle der geschwätzigen „Ratschkathl" hat sie sich in die Herzen der Münchner gespielt. Auf einem Brunnen steht die Bronzefigur des Weiß Ferdl. Er hat sich mit dem Lied „Ein Wagen von der Linie 8" über die Münchner Trambahn unvergessen gemacht. Auch der Roider Jackl war sehr beliebt. Der Volkssänger war Spezialist für kurze bayerische Spottlieder, die man „Gstanzln" nennt. Über sich selbst hat er auch ein Gstanzl gemacht:

Jetzt muaß i aufhern zum singa	Jetzt muss ich aufhören zu singen
sonst wer i berühmt	sonst werde ich berühmt
und kriag a r'a so a Denkmal	und bekomme auch so ein Denkmal
da wo's Wasser rauskommt.	wo das Wasser rauskommt.

Auf dem Weg zum Liesl-Karlstadt-Brunnen machte sich der Teufel mal wieder sehr unbeliebt. Er tatschte mit seinen Pranken mal hier und mal da auf den Viktualien herum, drückte am Obst und zerquetschte weiche Birnen zwischen seinen Fingern. Kein Wunder, dass man ihm nachrief: „Schleich di jetzt!" und „Du Depp, du damischer!". Aber der Teufel tat so, als wäre er taub und ließ sich nicht aus der Ruhe bringen.

„Guck mal! Da gibt's Radi zu kaufen. Die Radi, Brezn, Bier und Weißwurst sind *die* Zeichen für München."

„Aber du bist doch auch ein typisches Zeichen für die Stadt", sagte Emma zum Kindl.

„Na ja. Kann schon sein. Ich werde oft mit Radi, Brezn und Bier dargestellt. Es gibt Postkarten, da halte ich in einer Hand einen Bierhumpen, den Radi und die Brezn und in der anderen einen Teller mit einer Haxe drauf."

„Und warum immer die Radi?"

„Weiß ich auch nicht genau. Die schmeckt gut zum Bier. Die sieht auch schön aus, wenn sie wie eine Ziehharmonika geschnitten ist. Die

Weißwurst übrigens darf das Zwölf-Uhr-Läuten vom Kirchturm nicht erleben. Sie muss vorher gegessen werden, sagt eine alte Regel. Aber früher wurde die Weißwurst noch roh verkauft und wurde schnell schlecht. Heut' ist sie so gebrüht, dass man sie getrost auch nach zwölf Uhr noch essen kann."

Weißwurst und Brezn

„Sollen wir Weißwurst mit Brezn und süßem Senf essen?"

Alle waren dafür und das Kindl führte sie in den Biergarten. Sie hatten Mühe, einen Platz zu finden. Es dauerte eine Weile, bis die Weißwurst vor ihnen stand. Der Teufel nahm sie in seine Pranken und wollte gerade hineinbeißen, da schrie das Kindl laut: „Halt auf! Niet neibeißen! Die Haut. Du musst die Haut abmachen!" Der Teufel ließ vor Schreck die Wurst auf den Boden fallen. Als er sie wieder aufhob, war sie ganz dreckig. Aber das störte ihn nicht. Er nahm eine Serviette und machte sie damit wieder sauber.

Münchner Kinder essen Weißwurst.

„Du musst die Haut abmachen. Dazu teilst du die Wurst zuerst mal in der Mitte durch. Dann machst du einen Längsschnitt. Aber aufpassen! Nicht ganz durchschneiden! Jetzt kannst du die Haut abziehen. Du kannst die Wurst auch aus der Haut heraus zuzeln", erklärte das Kindl dem Teufel.

„Was soll ich? Schneiden und zuzeln? Ich weiß gar nicht was zuzeln ist. Zuzeln ... zuzeln, tsss ... tsss."

„Du kannst auch saugen dazu sagen. Du musst das Wurstbrät mit den Lippen aus der Haut heraussaugen", versuchte das Kindl dem Teufel zu erklären.

„So was Blödes habe ich noch nie gehört. Ich zuzel nicht und ich sauge auch nicht. Ich esse die Wurst, wie man eine Wurst isst. Ich beiße hinein, so wie jeder normale Mensch das macht."

Und dann biss er hinein und ließ gleich darauf einen lauten Schrei los. Er hatte sich in den Finger gebissen und machte einen Riesentanz und fluchte seine übelsten Teufelsflüche. Von den Nebentischen guckten schon die Leute herüber. Sie fühlten sich vom Getöse gestört.

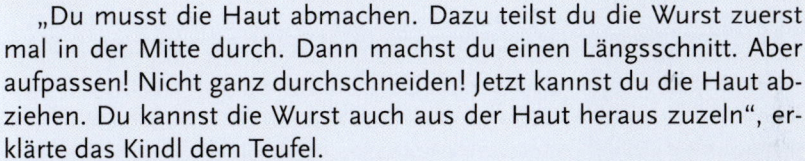

Die Erfindung der Weißwurst

Sepp Moser war Metzger und Wirt im Gasthaus „Zum ewigen Licht". Am Rosenmontag im Jahre 1857 war viel los. Die Gäste aßen und tranken und Sepp Moser kam kaum nach, so viel Bratwurst und Bier wurde bestellt. Langsam wurden die Schafdärme knapp, in die er das Kalbsbrät stopfte und zu Würstchen verarbeitete. Er schickte seinen Lehrling los, um neue Därme zu besorgen. Doch als dieser zurückkam, brachte er Schweinedärme mit. Die aber konnten in der Pfanne platzen und das wollte der Metzger nicht riskieren. Was sollte er tun? Anstatt die Kalbswürstchen in der Pfanne mit heißem Fett zu braten, warf er sie in einen Topf mit heißem Wasser. So konnte mit dem Darm nichts passieren. Den Gästen schmeckte die Wurst prima. Und so hatte Sepp Moser die Weißwurst erfunden.

Aber das interessierte den Teufel nicht und er machte weiter, bis ein kräftiger Mann aufstand und mit lauter Stimme sagte: „Wenn du nicht gleich deinen Mund hälst, dann schmier ich dir eine, du Teufelsbraten!" Dann setzte er sich wieder. Nun gab der Teufel endlich Ruhe und er blickte stumm auf dem ganzen Tisch herum.

„Ich mag aber auch nicht zuzeln", flüsterte Mercur zu Emma. „Wir Römer haben zwar auch mit den Fingern gegessen, aber dieses Aussaugen finde ich auch nicht gerade appetitlich. Das sieht eklig aus, wenn dieser ausgesaugte Darm herunterhängt."

Emma empfahl ihm, die Methode mit dem Messer anzuwenden. Umständlich machte er sich ans Werk und es dauerte eine Weile, bis er den ersten Bissen mit dem süßen Senf im Munde hatte.

„Köstlich! Köstlich! Das kitzelt meinen Gaumen. Dieser süße Senf!", schwärmte er und nahm direkt das nächste Stück. Mercur war zum Weißwurstfan geworden. Er hatte als Letzter aufgegessen. Auf seinem Teller lag nur noch der unappetitliche Darm. Den süßen Senf hatte er sogar noch mit dem Finger vom Teller aufgewischt und dann aufgeschleckt.

„Der Geschmack erinnert mich an unsere römischen Speisen. Wir Römer haben gerne süße Zutaten in unserer Küche benutzt, zum Beispiel Honig, Datteln, Aprikosen oder süßen Likör. Unsere *Palmulae Domesticae* – gefüllte Datteln mit Schafskäse, Pinienkernen, Walnüssen und Gewürzen, mmh ganz köstlich! Wir haben sogar Oliven süß eingelegt. Und wie wird süßer Senf gemacht?"

„Öhh ..., öhh ... ich glaube mit Zucker und öhh ... Senfkörnern. Aber so genau weiß ich das auch nicht", murmelte Emma.

Die Brezn – das Brot, durch das dreimal das Licht fällt

Wer hat die Brezel, im bayerischen Brezn genannt, erfunden? Der Bäcker Anton Nepomuk Pfannenbrenner aus München im Jahre 1839? Oder ein Mönch im Jahre 610? Oder der Hofbäcker Frieder? Niemand weiß es genau. Es gibt viele Geschichten. Hier wird die Geschichte vom Hofbäcker Frieder erzählt:

Der Hofbäcker Frieder war beim Grafen in Ungnade gefallen. Er hatte ihn beleidigt und darauf stand die Todesstrafe. Der Graf entschied: Frieder muss hängen! Die Bäckersfrau weinte und bat den Grafen um Gnade. Der überlegte und sagte: Wenn der Frieder mir ein Brot erfindet, durch das die Sonne dreimal scheint, ist sein Leben gerettet. Er hat drei Tage Zeit! Nun machte Frieder sich daran, sein Leben zu retten. Er knetete und rollte und buk und fing wieder von vorne an. Am dritten Tag machte er einen leicht gesalzenen Hefeteig, rollte ihn zu einer langen Wurst, die in der Mitte dicker als an den Enden war. Dann warf er sie in die Luft und schlang sie so geschickt ineinander, dass sie so aussah wie zwei gekreuzte Arme auf der Brust. Das machte er so oft, bis der Teig alle war. Als die neuen Brote auf dem Backblech lagen, sprang die Katze darauf und etliche fielen in einen Eimer mit heißer Lauge herunter. Schnell holte er sie wieder heraus, streute ein wenig Salz darauf, legte sie wieder auf das Backblech und schob es in den Ofen. Als er es wieder herauszog, staunte er nicht schlecht: Die Brote mit der Lauge waren herrlich braun und aufgesprungen, außen knusprig und innen weich! Schnell brachte er seine Erfindung ins Schloss. Der Graf hielt sie gegen das Fenster und tatsächlich – durch das neue Brot fiel dreimal das Licht. Frieders Leben war gerettet! Nun fehlte nur noch der Name für seine Erfindung. Den erfand die Gräfin in vielerlei Varianten: Brazula, Bretzel, Brezel, Breze, Brezn.

Die Frauenkirche

Als sie beschlossen, die Frauenkirche zu besichtigen, machte der Teufel sich rubbeldiekatz aus dem Staub. Für Emma und Mercur waren Kirchenbesichtigungen auch nicht gerade der Hit. Aber die Frauenkirche, das Wahrzeichen von München mit den Zwiebeltürmen, mussten sie gesehen haben, meinte das Kindl.

Unter der Orgelempore in der Vorhalle drängelten sich die Besucher und guckten nach unten auf den Fußboden, auf dem auch einige Kinder herumwuselten.

Die Frauenkirche, das Wahrzeichen Münchens

Der Teufelstritt in der Frauenkirche

Jörg von Halspach war der Baumeister der Frauenkirche. Er wollte, dass sein großartiges Bauwerk schnell vollendet werden konnte und schloss deshalb einen Pakt mit dem Teufel. Der forderte als Gegenleistung für seine Hilfe, dass die Kirche ohne Fenster gebaut wird, denn kein Mensch besucht den Gottesdienst in einer dunklen Kirche ohne Fenster. Kein Menschenkind betet in rabenschwarzer Dunkelheit. Der Bau ist umsonst, dachte er sich. Für den Fall, dass Meister Jörg sich nicht an den Pakt hielt, forderte er seine Seele. Bald war die Frauenkirche vollendet und immer wieder strömten die Menschen hinein, beteten und besuchten den Gottesdienst. Das machte den Teufel misstrauisch. Sollte Meister Jörg den Pakt gebrochen und doch Fenster in die Kirche gebaut haben? Er stellte ihn zur Rede und forderte seine Seele. Doch Meister Jörg führte den wütenden Teufel in den Vorraum der Kirche. Jedoch – der Teufel sah von hier aus kein einziges Fenster. In rasender Wut stampfte er so fest mit dem Fuß auf, dass im Stein ein Abdruck zurückblieb. Dann machte er sich zornig davon und verwandelte sich in einen starken Wind, denn er wollte die Kirche durch einen heftigen Sturm zum Einsturz bringen. Aber bis heute ist es ihm nicht gelungen.

„Wo? – Wo ist der Tritt?", fragten die Leute und drängten und schubsten. Emma und Mercur wurden neugierig. Schließlich sahen sie ihn auch, den Fußabdruck im Marmorboden. Gerade stellte ein Jugendlicher sich mit seinem Fuß hinein und er passte prima.

„Schuhgröße zweiundvierzig", sagte er. „Der Teufel muss Schuhgröße zweiundvierzig gehabt haben."

„Meint der unseren Teufel?", fragte Mercur.

„Nein, den Teufel vom Teufelstritt, aus der Sage", erklärte das Kindl.

Als das Kindl geendet hatte, überprüften Emma und Mercur sofort, was der Dombaumeister Jörg von Halspach behauptet hatte.

„Das stimmt. Man sieht keine Fenster an den Seiten. Sie sind durch die Säulen verdeckt, die wie eine weiße Wand wirken. Aber was ist mit dem Fenster im Osten, im Chor der Kirche? Das kann man doch sehen!", stellte Mercur fest.

„Im Mittelalter konnte man das nicht sehen. Es stand ein großer Altar davor, der Hochaltar. Und ein Bogen, den die Leute *Bennobogen* nannten. Die Überreste des heiligen Benno, der 1106 gestorben war, kamen 1580 nach München, und er wurde zum Stadtpatron."

„Aha! Dann verstehe ich, warum der Teufel in der Legende gar kein Fenster gesehen hat", sagte Emma.

Die Frauenkirche

Der „Dom zu Unserer Lieben Frau" mit den 99 Meter hohen Zwiebeltürmen ist das Wahrzeichen von München. Bevor diese berühmte Kirche gebaut wurde, stand zuvor am gleichen Platz eine kleine Marienkirche. Sie war mit vielen kostbaren Kunstschätzen ausgestattet, die von Bürgern gestiftet wurden. Aber diese Marienkirche war zu klein geworden, weil sich immer mehr Menschen in München angesiedelt hatten. In vielen Städten waren stattliche Kirchen und Dome entstanden und die Münchner wollten nun auch endlich ein großes Gotteshaus haben. Um die Zeit, als man die Frauenkirche plante, lebten hier etwa 13 000 Menschen und das waren für eine Stadt im Mittelalter schon sehr viele Einwohner. Aber im neuen Dom sollten sogar 20 000 Gläubige Platz finden. Die Pläne für die Kirche machte der Baumeister Jörg von Halspach. Sie sollte aus Ziegelsteinen gemauert werden. Man konnte sie einfach und in großen Mengen aus Lehm herstellen. Den fand man in der nahen Umgebung, in Haidhausen. Für das Feuer in den Brennöfen musste nur das Holz aus den Bergwäldern geholt und auf der Isar bis nach München herangeschafft werden. Dann wurde der Lehm zu Ziegeln gebacken und jeden Tag konnten zehn Pferdefuhrwerke mit fertig gebrannten Ziegelsteinen zur Baustelle fahren. Das ging Jahr um Jahr so. Auch für die Gerüste und den Dachstuhl wurden Baumstämme gebraucht, die zu Flößen zusammengebunden auf der Isar flussabwärts schwammen. In der Rekordzeit von 20 Jahren war das Bauwerk fertig – 1468 begonnen, 1488 vollendet. Es fehlten nur noch die Hauben auf den Türmen. Es dauerte etliche Jahre, bis sie aufgesetzt wurden. Jörg von Halspach lebte schon nicht mehr, als der Bau vollendet war, und durch einen Krieg hatte man anderes zu tun, als Hauben auf Kirchtürme zu setzen. Ohne Hauben waren die Türme sogar besser, weil man Kanonen darauf postieren konnte, um die Stadt zu verteidigen. Erst 1525 erhielten die Türme die Hauben, die sie heute noch tragen. Den Münchnern gefielen sie gar nicht. „Diese Welschen Hauben", schimpften sie. Damit meinten sie italienische Hauben, denn welsch ist ein altes Wort für „italienisch". Man hatte sogar überlegt, die Hauben abzunehmen und sie durch spitze Türme zu ersetzen. Aber eine Frauenkirche ohne Hauben – das ist doch undenkbar, oder?

Die Abbildung links zeigt die Frauenkirche mit spitzen gotischen Türmen. Aber sie sind nie gebaut worden, das zeigt die Abbildung rechts.

„Kann man diesen Bennobogen mit einem Triumphbogen zur Erinnerung an siegreiche Feldherrn und Schlachten vergleichen?", fragte Mercur nach.

„Ja. Auch mit dem Siegestor hier in München kann man ihn vergleichen. Die Herrscherfamilie der Wittelsbacher hatte den Bennobogen aufstellen lassen. Sie wollte damit zeigen, dass sie immer treu und fest zum katholischen Glauben steht."

Die Legende des heiligen Benno

Benno war der Sohn eines Grafen und sehr klug. Er fragte seinen Eltern Löcher in den Bauch und bald wussten sie auf seine vielen Fragen keine Antworten mehr. Deshalb schickten sie ihn schon früh in die Schule nach Hildesheim in die Obhut des Bischofs Bernward. Bischof Bernward unterrichtete ihn in den Wissenschaften und im christlichen Glauben, bis er achtzehn Jahre alt war. Dann wurde er Mönch, ging nach Paris und kehrte als Doktor der Theologie nach Hildesheim zurück. Bald wurde er Bischof von Meißen in Sachsen. Zu dieser Zeit entflammte ein Streit um die Macht zwischen König und Papst. Benno stellte sich auf die Seite des Papstes. Das machte König Heinrich IV. so wütend, dass er Benno gefangen nahm. Als er wieder freigelassen wurde, setzte man ihn als Bischof ab. Nun fasste er den Plan, eine Reise nach Rom zu unternehmen und den Papst zu besuchen. Damit kein anderer Bischof in seinem Gotteshaus wirken konnte, und die wertvollen Kunstschätze in Sicherheit waren, schloss er die Domtüren ab und warf die beiden Schlüssel in die Elbe. Als er wieder auf der Heimreise nach Meißen war, hatte er großen Hunger und machte in einem Wirtshaus Rast. Er bestellte sich Fisch, Brot und Bier. Als er den Fisch aufschnitt, fand er im Fischbauch die Schlüssel zum Dom. Nun machte er sich schnell auf den Weg nach Meißen.

Der Fisch und die Schlüssel wurden zum Zeichen des heiligen Benno. Mit dem Fisch ist Christus gemeint und der Schlüssel ist das Zeichen des heiligen Petrus.

Vor mehr als vierhundert Jahren wurden die Gebeine des heiligen Benno von Meißen nach München überführt. Seine Reliquien* ruhen nun in dem Sockel der aus Gold und Silber und mit vielen Edelsteinen geschmückten Büste, die in der Bennokapelle aufgestellt ist.

„Es ist so viel Licht hier im Kirchenraum, es ist so hell hier", fiel Emma auf, als sie in das Mittelschiff ging und die großen Fenster in den Seitenschiffen sah. Dann blickte sie hinauf in das Sternengewölbe.

„Auf der rechten und auf der linken Seite vom Mittelschiff zähle ich elf achteckige Säulen. Sie grenzen das Mittelschiff von den Seitenschiffen ab", stellte sie fest. Mercur hatte sich vor das große Monument im hinteren Teil an der Südseite gestellt und blickte es schweigend an. Dann sagte er: „Das ist kein Grabmal. Das ist auch kein Hochgrab, in dem jemand beerdigt ist."

„Das kannst du doch gar nicht sagen. Es steht doch hier in der Kirche. Ich habe schon oft Gräber in Kirchen gesehen", erwiderte Emma.

„Hier sind aber keine sterblichen Überreste drin. Kein Toter. Hier in diesem Marmorgehäuse liegt nur eine Gedenkplatte für den Toten. Das ganze Ding hier ist ein *Kenotaph*, ein Gedächtnismonument, ein Ehrenzeichen für einen Toten. So etwas gab es bei uns Römern auch, wenn ein Toter fern der Heimat begraben lag."

Das Kenotaph in der Frauenkirche ist ein Grabdenkmal für Kaiser Ludwig den Bayern.

„Und wer wird mit diesem Kenodingsda geehrt?", fragte Emma.

„Das weiß ich auch nicht. Aber es muss ein Kaiser sein."

„Woher weißt du das?"

„Weil da oben eine Kaiserkrone auf dem Kissen liegt", erklärte Mercur.

„Und welcher Kaiser war das?"

„Das weiß ich nicht. Vielleicht weiß es das Kindl."

Das Kindl wusste es. Es war der Kaiser des Heiligen Römischen Reiches Deutscher Nation, Ludwig der Bayer, der von 1282 bis 1347 gelebt hat. Es kannte auch die Namen der großen Figuren aus Bronze, die vor und hinter dem Kenotaph standen. An der Seite der Eingangstür war Herzog Wilhelm IV. in einem weiten faltigen, pelzbesetzten Rock mit weiten Ärmeln, Kniebundhose und breiten Kuhmaulschuhen dargestellt. Auf der anderen Seite stand Albrecht V. im Gewand eines Ordensritters mit Schwert. Vier Fahnenträger bewachten das Kenotaph. Die Totenschädel und die Knochen auf dem Gehäuse aus Marmor sollen an die Vergänglichkeit des Menschen erinnern.

„Und was ist hinter den Glasfenstern im Gehäuse?", fragte Emma.

„Die Deckplatte für Kaiser Ludwigs Grab aus rotem Marmor, die noch von seiner Begräbnisstätte in der alten Frauenkirche stammt."

Als sie genug vom Ehrenmonument gesehen hatten, gingen sie durch das südliche Seitenschiff und guckten in die vielen Kapellen hinein und zu den Fenstern hinauf, auf den Fußboden hinunter und an den Säulen empor. In einer Kapelle zeigte das Kindl ihnen ein buntes Glasfenster, auf dem im unteren Teil ein Mann mit wallendem Haar und eine Frau mit einer Haube dargestellt waren. Sie knieten und hatten die Hände zum Gebet gefaltet. Aber Emma sah sie nicht.

Die reiche Familie Pütrich stiftete der Frauenkirche ein Glasfenster. Ein Salzfass im Wappen erklärt, womit die Familie viel Geld verdient hat: mit dem Salzhandel.

„Wo, wo?", fragte sie und suchte mit ihren Augen das Glasfenster ab.

„Am unteren Rand, da wo auch die Familienwappen zu sehen sind."

„Wo das Fass drauf ist?"

„Ja. Das ist das Wappen der Familie Pütrich. Das Fass ist ein Salzfass. Die Familie hat mit Salz gehandelt. Es waren einst reiche Bürger Münchens, die mehr als zweihundert Jahre in der Stadt mitbestimmt haben.

Deshalb fiel es ihnen auch nicht schwer, viel Geld für ein großes, buntes Fenster auszugeben und es der Frauenkirche zu stiften. Manche Glasfenster stammen sogar noch aus der ersten Marienkirche, so alt sind sie schon.

Guckt mal an den Pfeilern hoch. Da, wo die Rippen für das Sterngewölbe* beginnen, sind kleine farbige Gesichter eingelassen. Sie stellen die Handwerker dar, die beim Bau der Kirche geholfen haben", erklärte das Kindl.

„Hinter dem Chorraum führt eine Treppe hinunter zur Krypta. In diesem unterirdischen Raum liegt Kaiser Ludwig der Bayer begraben. Auch viele Herzoginnen und Herzöge aus der Familie der Wittelsbacher, Erzbischöfe und Kardinäle fanden hier ihre letzte Ruhe. An der Eingangswand erinnern Inschriften an die Verstorbenen. In der Kapelle der ‚Erzbruderschaft Unserer Lieben Frau zu Altötting', nahe beim Chor, ist auf der linken Wand ein Gemälde zu sehen. Es zeigt die Muttergottes. Unter ihrem weiten Umhang suchen viele Schutz: Bischöfe, Priester und Mönche, Bürger und Bürgerinnen. Auch der Stifter des großen, beeindruckenden Gemäldes ist mit seiner Familie auf dem Bild dargestellt. Es ist der reiche Salzhändler Sänftl, der am dunklen, weiten, pelzgefütterten Mantel zu erkennen ist. Auch seine Frau und seine dreizehn Kinder sind dargestellt. Alle Personen auf dem Gemälde von 1510 aus der Werkstatt des Malers Jan Polack haben die Hände zum Gebet erhoben. Nur eine nicht! Sie hält die Hände gesenkt", erzählte das Kindl.

Auf der Nordseite, bei der Kapelle der heiligen Anna und des heiligen Georg, sahen sie eine Versammlung von älteren Männern mit und ohne Bart. Alle trugen Lederhosen, Kniestrümpfe, Janker, Hüte und einen Säbel. Es war die Kompanie „Gotzinger Trommel" der Gebirgsschützen aus Weyarn. Sie stellten sich auf und bildeten beim Eingang zur Sakristei* eine Gasse. Nun erschienen drei Geistliche mit Vortragekreuz und Kerzen, die einem Sarg vorangingen. Eine jun-

Die gesenkten Hände

Im Dom ist ein Bildnis zu sehen, auf dem alle dargestellten Personen die Hände zum Gebet erhoben haben. Nur eine nicht: die Frau im roten Gewand. Sie war entfernt verwandt mit einem reichen Bürger. Als er starb, gelang es ihr durch Lug und Trug den größten Teil seines Vermögens an sich zu bringen. Den nahen Verwandten blieb nicht viel. Bei der Totenfeier für den Verstorbenen beteuerte sie ihre Unschuld. Aber niemand glaubte ihr. „Gott soll mich strafen und meine Hände beim Gebet niederdrücken, wenn ich betrogen haben sollte", sagte sie. Das hörte auch der Maler der Schutzmantelmadonna, und weil er an ihre Unschuld glaubte, bekam sie auch einen Platz unter Marias Mantel in seinem Gemälde. Wie bei allen anderen Personen malte er sie mit zum Gebet erhobenen Händen. Aber auf wundersame Weise veränderten sich ihre Hände im Gemälde und zeigten nach unten. Damit war die Frau im roten Kleid überführt. Sie war nicht unschuldig, sondern schuldig. Der Betrug war damit bewiesen.

ge Frau begleitete den Trauerzug mit tröstendem Gesang.

„So was hab' i noch net erlebt", sagte das Kindl. „Der Tote muss einen sehr hohen Rang gehabt haben, wenn der Sarg zum Abschied hier in der Frauenkirche stehen darf. Bei normalen Menschen ist das nicht so." Als der Trauerzug sich langsam entfernt hatte, traute sich das Kindl, jemanden nach dem Verstorbenen zu fragen. Es war ein Weihbischof, dem die Gebirgsschützen die letzte Ehre erwiesen hatten.

Trauerzug mit der Kompanie „Gotzinger Trommel" der Gebirgsschützen aus Weyarn

Als sie auf die Vorhalle zum Ausgang zugingen, trauten sie ihren Augen nicht: Dort stand der Teufel im Teufelstritt mitten unter den anderen Besuchern. Aber sein Fuß passte nicht in den Abdruck hinein, so sehr er sich auch bemühte. Größe zweiundvierzig war nicht seine Schuhgröße. Sein Fuß war größer und der Pferdefuß passte ohnehin nicht hinein. Nun machten sie, dass sie schnell wieder nach draußen kamen.

Der Schöne Turm

Nach langen Diskussionen wollten sie nun über die Kaufinger Straße, weiter über die Neuhauser Straße, bis hin zum Karlstor gehen. Es herrschte ein ziemliches Gewühle in der Fußgängerzone. Und dann blieb der Teufel noch an der Ecke stehen und zeigte auf dem Boden auf graue und rote Pflastersteine, die einen merkwürdigen Umriss ergaben.

„Och nö!", meckerte Emma. „Ich will jetzt nicht noch den letzten Pflasterstein erklärt haben."

„Des interessiert doch wirklich niemanden!", stimmte das Kindl ihm zu.

„Ich ... äh, ... ich muss mal augenblicklich etwas anderes erledigen. Ich ... äh, ... ich bin bald wieder da", stotterte Mercur und war schon in den Lüften.

„Aber das ist der Umriss vom Schönen Turm. Sieben mal sieben Meter! Ein Turm der ersten Stadtmauer. Der war mit herrlichen Male-

Die Unschuld des Goldschmieds

Im Schönen Turm hatte einst ein Goldschmied seine Werkstatt. Eines Tages erschien ein vornehmer, reicher Herr, zog einen Beutel aus seinem weiten Mantel, öffnete ihn, holte kostbare Schmuckstücke heraus und legte sie auf den Tisch. Er wollte diesen Schmuck noch einmal haben und der Goldschmied sollte ihn anfertigen.

Nun lag der kostbare Schmuck aus Gold und Edelsteinen beim Goldschmied auf dem Tisch. Deshalb verriegelte er die Werkstatt sorgfältig, als er den Turm verließ, um einige Besorgungen zu machen. Nur das Fenster ließ er ein wenig offen stehen.

Als der Goldschmied in die Werkstatt zurückkehrte, stand das Entsetzen in seinen Augen – der Schmuck war verschwunden! Wie konnte das passiert sein? Er hatte doch die Werkstatt sorgfältig verschlossen! Was nun? Wie sollte er das erklären? Er beteuerte seine Unschuld, aber selbst vor Gericht glaubte ihm niemand, sodass er zum Tode verurteilt wurde. Als er zur Hinrichtung geführt wurde, läutete das Arme-Sünder-Glöckchen im Turm. Die Leute liefen herbei und rangelten um die besten Plätze in der vordersten Reihe nahe beim Henker. Der tat seine Arbeit, hieb den Kopf des Goldschmieds ab und wartete auf den Totengräber, der den Leichnam außerhalb der Stadtmauer verscharren sollte.

Nun lag der Goldschmied schon lange unter der Erde und am Turm nagte der Zahn der Zeit. Die Mauern bröselten und ein Maurer musste hinauf aufs Glockentürmchen. Als er oben war, verließ gerade eine Elster ihr Nest und flog zum Dachfenster hinaus. Neugierig guckte der Maurer in das Elsternest und traute seinen Augen nicht. Darin funkelten und glitzerten Gold und Edelsteine so hell, dass er davon geblendet wurde. Er nahm den Schmuck an sich, kletterte das Türmchen hinunter und bald stellte sich heraus, dass es der verschwundene Schmuck war! Die Elster war durch das geöffnete Fenster in die Werkstatt geflogen und hatte den Schmuck gestohlen. Sie war die Diebin. Nun war nach langer Zeit doch noch die Unschuld des Goldschmieds bewiesen. Eine letzte Ehre konnten sie ihm aber noch erweisen: Sie gruben seinen Leichnam wieder aus und beerdigten ihn mit allen Ehren innerhalb der Stadtmauer.

reien verziert. Auf denen waren Kaiser Ludwig, viele Fürsten und Paukenschläger, Trompeter und Fahnenträger, alle in prachtvolle Gewänder gekleidet, dargestellt", erklärte der Teufel.

„Guckt nach oben, dann seht ihr den Turm!"

Wie auf Kommando hoben die drei ihre Köpfe. An der Ecke des Hirmer-Hauses war der Turm zur Erinnerung in Stein gemeißelt an der Hausecke zu sehen.

„Und warum ist der Turm nicht mehr da?", fragte Emma.

„Der wurde vor zweihundert Jahren abgerissen, weil die Durchfahrt viel zu eng für den Verkehr war, der mittlerweile in München herrschte", erklärte das Kindl.

„Bei Todesstrafen wurde früher das ‚Arme-Sünder-Glöckchen' im Turm geläutet. Und wenn es schlug, rannten alle zur Richtstätte. Jeder wollte dabei sein, wenn der Henker das Richtschwert hob oder den Strick um den Hals des Todeskandidaten legte. Ich kenne eine Geschichte dazu!", sagte der Teufel und verzog sein Teufelsmaul zu einem breiten Grinsen.

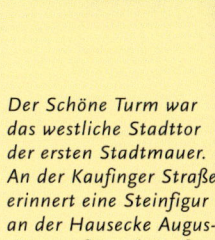

Der Schöne Turm war das westliche Stadttor der ersten Stadtmauer. An der Kaufinger Straße erinnert eine Steinfigur an der Hausecke Augustinerstraße und Kaufinger Straße an den Turm.

Jagd- und Fischereimuseum

„Weitergehen, weitergehen! Bis zum alten Wildschwein vor dem Museum. Dann stopp!", kommandierte der Teufel.

„Wartet. Ich bin wieder da. Ich gehe mit!", rief Mercur ihnen zu. Als er bei ihnen war, wusste Emma, warum er verschwunden war. Er duftete. Er hatte eine Parfümerie auf der Kaufinger Straße entdeckt und konnte nicht widerstehen. Er hatte sich am ganzen Körper mit den wunderbarsten Parfüms eingesprüht. Emma ging ganz nahe an ihn heran und beschnupperte ihn.

„Betörend! Einfach betörend duftest du!"

„Du stinkst", stellte der Teufel fest. „Geh mir aus dem Wind, ich will das nicht riechen."

Dann gingen sie weiter und Mercur entdeckte das mächtige Tier aus Bronze zuerst. Es stand vor dem Fischerei- und Jagdmuseum, das in der alten Augustinerkirche untergebracht war, welche nun schon seit mehr als zweihundert Jahren kein Gotteshaus mehr war.

Natürlich steckte Emma dem Keiler aus Bronze sofort die Hand zwischen die langen Eckzähne in das blanke Maul, weil sie gehört hatte, dass es Glück bringt. Aber auch die Ohren, der Rüssel und die lan-

Vor dem Deutschen Jagd- und Fischereimuseum an der Kaufinger Straße sitzt ein Keiler aus Bronze.

gen Eckzähne waren ganz blank vom Anfassen der vielen Besucher. Dann lief sie ins Museum hinein und sah den ausgestopften Bären hoch oben an der Wand. Noch bevor die anderen etwas sagen konnten, hatte sie eine Eintrittskarte gelöst und war im Museum verschwunden.

„Was wird hier ausgestellt?", fragte Mercur an der Kasse.

„Zeugnisse der Jagd- und Fischereikultur von der Steinzeit bis zur Gegenwart. Tausend präparierte Tiere, Schädel, Gemälde, Waffen und alles, was ein Jäger so braucht. Wir haben auch eine Streichelecke für Kinder und Blinde. Sogar einen Wolpertinger haben wir ausgestellt", sagte die Frau an der Kasse.

Wolpertinger sind bayerische Fantasietiere, die rein erfunden sind. Im Jagd- und Fischereimuseum an der Kaufinger Straße kann man die schönsten Exemplare besichtigen.

Mercur, der Teufel und das Kindl vertrieben sich die Zeit draußen vor dem Museum. Dann war Emma wieder da. Sie schwärmte. Sie war begeistert vom Museum. Vor allem von der Streichelecke mit den ausgestopften Tieren.

„Hast du auch Wolpertinger gesehen?", fragte Mercur sie.

„Ja! Warum?"

„Die Dame an der Kasse hat mir gesagt, dass einige Exemplare ausgestellt sind."

„Du meinst Wolpertinger *Monacensia* – also Münchner Wolpertinger?" Emma nickte. „Hier gibt es wunderbare Exemplare. Mischungen aus Fledermaus, Drachen, Krokodil und Bär. Oder aus Esel und Vogel Strauß. Oder aus einem Hasen mit Flügeln und Hirschgeweih. Wusstest du, dass sie gerne Weicheier, Leberkäse, Weißwurst und Radi essen? Und wenn man sie sehen will, geht das nur vierzehn Tage vor einem Gewitter", erzählte Emma dem staunenden Mercur.

„Lass di net derblecken. Die Wolpertinger gibt's net. Des sind bayerische Fantasiegestalten aus Sagen und G'schichten", lachte das Kindl.

„Ich hab's mir gedacht!", sagte Mercur und verzog seinen Mund zu einem gnädigen Lächeln.

St. Michael

„Die Straße heißt hier nicht mehr Kaufinger Straße. Sie heißt hier Neuhauser Straße. Aber das ist nicht so wichtig. Es ist ein Abschnitt der alten Salzstraße", sagte das Kindl, als sie vom Museum aus weitergingen.

„Neiiiiiiiiiiin! Nieeeeeemals! Nieeeeeemals!", schrie plötzlich der Teufel los und alle waren erschrocken und wussten nicht, was nun wieder passiert war.

„Ich gehe nicht weiter. Keinen Schritt. Keinen Hühnerschritt, keinen Zentimeter, keinen Millimeter. Ich gehe nicht an diesem Gebäude vorbei, an dieser Figur, an dieser Beleidigung, an diesem Miiiiii ..."

„I glaub' dir brennt der Huat", sagte das Kindl und ging einfach weiter. Auch die anderen kümmerten sich nicht um den Teufel. Emma sah gerade noch, wie er sich rücksichtslos durch die Fußgänger und einkaufswütigen Touristen drängelte und gegenüber im Augustiner-Brauhaus verschwand.

St. Michael und die Schuleinrichtungen der Jesuiten

Herzog Wilhelm V., genannt der Fromme, war der Sohn von Albrecht V. und regierte von 1579 bis 1598. Er ließ ein ganzes Stadtviertel mit 87 Häusern abreißen, weil er einen riesigen Bauplatz für die Gesellschaft Jesu brauchte, die sich Jesuiten nannte. Sie wollten eine große Schule mit einer Kirche bauen. Im Kampf gegen Martin Luther und seine neue Lehre setzten sich die Jesuiten für eine Erneuerung der katholischen Kirche ein. Es entstand eine Anlage mit der Kirche St. Michael und der Jesuitenschule, die sich in alle Richtungen ausdehnte. Solch ein großes Bauprojekt hatte es in München noch nicht gegeben. Heute ist von der Anlage außer der Kirche St. Michael fast nichts mehr erhalten geblieben. Die Bomben des Zweiten Weltkriegs haben alles zerstört. Das Wilhelmsgymnasium in München erinnert bis heute an die Wurzeln der Schuleinrichtungen der Jesuiten.

Dann dämmerte Emma, warum der Teufel so ein Spektakel gemacht hatte: Wegen der Kirche St. Michael und der Figur des Heiligen in der Nische zwischen den beiden Hauptportalen. Der siegreiche Erzengel Michael mit den großen Flügeln hatte seine Lanze auf ein teuflisches Wesen gerichtet, das sich mit aufgerissenem Maul am Boden gewunden hatte. Der Kampf zwischen Gut und Böse fand vor einem goldenen Hintergrund statt, der Zeichen für die göttliche Kraft ist. Michael und das Teufelswesen sind aus Bronze hergestellt worden, die im Laufe der Zeit einen giftig grünen Belag bekommen hatte.

„Die Kirche ist interessant", begann das Kindl.

„Findest du?", fragte Emma skeptisch. „Ich habe eigentlich genug von Kirchen. Mir haben schon der Alte Peter und die Frauenkirche gereicht."

„Aber host mi? Verstehst mi? Die Kirche sieht doch anders aus als die anderen. Sie ist viel später gebaut worden, in einem anderen Stil. Im Renaissance-Stil*", sagte das Kindl.

„Sehe ich! Sieht italienisch aus."

Für die Kirche St. Michael wurde 1583 der Grundstein gelegt. Herzog Wilhelm V., genannt der Fromme, wollte mit dem Bau ein Zeichen für die Überlegenheit des katholischen über den protestantischen Glauben setzen.

Der heilige Michael

Der heilige Michael kämpfte gegen Luzifer, der einmal der höchste Engel war. Weil dieser sich gegen Gott erhoben hatte, wurde er von Michael in die Hölle gestoßen. Luzifer wird oft als Drache dargestellt, denn er ist das Sinnbild des Bösen, Michael dagegen zeigt man oft als Ritter mit Flammenschwert und Waage, oder als triumphierenden Drachentöter.

„Jo, jo. Das Vorbild war eine Kirche in Rom. St. Michael hat nämlich auch ein Tonnengewölbe, das zweitgrößte der Welt nach St. Peter in Rom", sagte das Kindl.

„Äh ..., das interessiert mich aber auch nicht wirklich", sagte Emma.

„Aber hier außen in den Nischen stehen die Bildnisse von Herrschern, die der Kirche und dem Reich treu gedient haben. Wilhelm V. hat sie persönlich ausgesucht. Natürlich ist er auch dabei." Das Kindl ließ nicht locker, aber Emma interessierte sich einfach nicht für die Kirche.

„Aber diese Kirche hat etwas Besonderes. Das haben andere Kirchen nicht. Sie hat nämlich eine Fürstengruft. Unten in dieser Gruft liegen vierzig Tote in Zinksärgen. Alle stammen aus der großen bayerischen Familie der Wittelsbacher", trumpfte das Kindl jetzt auf und plötzlich interessierten sie sich wieder alle für die Kirche St. Michael.

„Können wir dahin? Können wir die sehen, diese Särge?", fragte Emma neugierig.

Natürlich wollten alle die Gruft sehen. Sie hatten Glück. Sie war geöffnet. In dem unterirdischen Raum mit dem Gewölbe und den roten Tonfliesen auf dem Boden standen vierzig Särge aus Zink*. Im ältesten Sarg lag seit 1602, also seit über vierhundert Jahren, Renata von Lothringen, die bayerische Herzogin und Gemahlin von Herzog Wil-

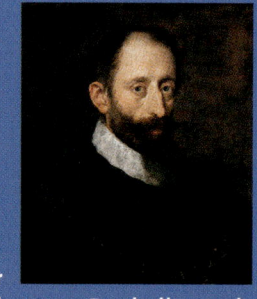

helm V. Ihr Gatte hatte mit dem Bau von St. Michael 1583 den Grundstein für die größte Renaissancekirche nördlich der Alpen gelegt. Wilhelm V. wäre beinahe bankrott darüber gegangen, weil der Bau Unmengen von Geld verschlang. Er selbst war vierundzwanzig Jahre nach seiner Frau Renata gestorben und der Zweite, der in der Gruft seine letzte Ruhestätte fand. An allen Särgen waren Namensschilder angebracht. So wusste man, wer in welchem Zinksarg lag.

„Und wer ist der berühmteste Wittelsbacher hier unten?", fragte Emma. Aber das war nicht schwer herauszufinden. Es war König Ludwig II., denn er hatte ein auffallendes Grabmonument, das mit frischen Blumen geschmückt war. Außerdem hing sein Bildnis darüber

Ludwig II. war von 1864 bis zu seinem Tode 1886 König von Bayern.

an der Wand. Ludwig II., genannt der Märchenkönig, war beliebt beim Volk und Tausende gingen 1886 im Trauerzug mit, als seine Leiche von der Residenz zur Kirche des heiligen Michael überführt wurde.

„War das der Ludwig, der die vielen Schlösser gebaut hat? Neuschwanstein und so?", fragte Emma. Das Kindl nickte.

„Der liegt hier unten. Aber ohne Herz. Das hat man herausgenommen. Es liegt in einer Urne in Altötting in der Gnadenkapelle."

„Warum?", fragte Emma.

„Weil da in der Kapell'n alle Herzen der Wittelsbacher aufbewahrt werden", sagte das Kindl.

„Da oben ist auch eine Krone auf dem Kissen, wie beim Kenotaph von Ludwig dem Bayern", stellte Mercur fest. Sie sahen sich noch um, aber so interessant waren die einzelnen Zinksärge nun auch wieder nicht. Sie waren froh, als sie die muffige Gruft verlassen konnten und wieder ans Tageslicht kamen.

„Oben, im ersten Obergeschoss, rechts neben dem Mittelfenster ist Wilhelm V. zu sehen!", sagte das Kindl, als sie wieder vor der Kirche standen.

Das Brunnenbuberl am Karlsplatz

Der Teufel stand beim Brunnenbuberl, kratzte sich über den Bauch und pulte in den Zähnen herum. Dann badete er seine Schwanzquaste im Brunnenbecken.

„Na?", sagte er, ohne seine Tätigkeit zu unterbrechen.

„Oh", sagte Mercur, ohne auf den Teufel zu achten, „da ist ein alter Satyr* dargestellt. Ein Dämon im Gefolge des Dionysos. Er spritzt voller Freude den nackten Knaben an."

„Gefällt dir der Brunnen?", fragte das Kindl.

„Ja. Er gefällt mir!"

„Er hat vor über hundert Jahren eine Goldmedaille bei einer internationalen Kunstausstellung gewonnen. Die Leut' fanden den Brunnen schön, aber den kleinen Nackerten nicht. Der Künstler sollte dem Buberl doch ‚da unten' was anziehen, hat auch der damalige Prinzregent* Luitpold gesagt. Aber der Künstler wollte nicht. ‚Jo mei', ham die Münchner g'sagt. Er kann doch a Badehosen anziehen, wenn er im Wasser plantscht. So bekam das Buberl dreihundert Badehosen geschenkt."

Nun waren sie am Ende der Fußgängerzone am Karlstor angelangt und standen im Tordurchgang.

„Das Tor hieß Neuhauser Tor, weil es an der Neuhauser Straße steht. Hier führte die Salzstraße vorbei, die Heinrich der Löwe nach München verlegt hatte", sagte der Teufel. „Dem Kurfürsten Karl Theodor gefiel das Tor nicht und er baute es 1791 um. Deshalb heißt es auch Karlstor. Es ist im Zweiten Weltkrieg von Bomben getroffen und schwer zerstört worden. Später hat man es vereinfacht wieder aufgebaut."

Vor 100 Jahren bekam das nackte Brunnenbuberl 300 Badehosen geschenkt. Ein nackiges Buberl fanden die Münchner zu dieser Zeit unanständig.

Plötzlich sprang der Teufel direkt in die große Brunnenanlage und ließ sich vom Wasserschleier berieseln, strich sich über den Bauch und stöhnte vor Wonne.

„Und warum wird der Platz ‚Stachus' und nicht ‚Karlsplatz' genannt?", fragte Emma das Kindl.

„Die Münchner haben Karl Theodor nie verziehen, dass er Bayern gegen die Niederlande eintauschen wollte. Sie mochten ihn nicht. Und weil hier mal ein Wirt mit dem Namen *Eustachius Föderl* ein sehr beliebtes Bierlokal betrieb, nannte man das Lokal bald nur noch *Stachus*. Dann ging der Name auf den Platz über, der bis heute so heißt, obwohl es das Bierlokal schon lange nicht mehr gibt."

„Sollen wir mal eine Pause machen? Mitten in der Stadt, im Englischen Garten?", schlug das Kindl vor.

„Muss man da Englisch sprechen und sich englisch benehmen?", fragte der Teufel. Als ihm keiner antwortete, krakeelte er: „Warum antwortet mir keiner? Ich habe gefragt, ob man da Englisch sprechen muss."

„Jo gibts des? So a bleede Frag!", schrie das Kindl zurück.

Sie verabredeten sich beim Monopteros, dem Rundtempel im griechischen Stil, der schon etwa seit einhundertfünfzig Jahren auf der Anhöhe steht. Mercur erhob sich als erster in die Luft und danach war auch der Teufel rubbeldiekatz verschwunden. Emma und das Kindl machten sich zu Fuß auf den Weg.

Im Englischen Garten

Als sie sich beim Monopteros wiedergetroffen hatten, ließen sie sich nieder und erzählten, was sie unterwegs gesehen hatten. Mercur war begeistert vom „Harmlos", dem nackigen griechischen Jüngling mit den Blätterranken vor dem Schniedel. Seine linke Hand ruht auf einer Tafel. Darauf steht geschrieben: HARMLOS. WANDELT. HIER. DANN. KEHRET. NEU. GESTAERKT. ZU. JEDER. PFLICHT. ZURÜK.

Er fragte die anderen, was wohl der Sinn der Inschrift ist, aber keiner konnte ihm das sagen. Der Teufel hatte an dem fünfundzwanzig Meter hohen Chinesischen Turm den großen Biergarten und das schöne alte Kinderkarussell entdeckt.

Dann redeten sie darüber, was man im Englischen Garten alles machen kann: auf dem Kleinhesseloher See mit den drei Inselchen Tretboot fahren, im Wasserfall plantschen, auf dem Eisbach Wellenreiten, mit dem Pferd über die zwölf Kilometer langen Reitwege traben, im Biergarten sitzen oder einfach nur spazieren gehen oder auf der Wiese die schöne Natur genießen. Es war eine sehr schöne Pause und alle waren zufrieden, bis der Teufel heftig mit dem Kindl in Streit geriet.

Maria und Helena beim Harmlos im Englischen Garten

Der Englische Garten

Der Englische Garten liegt mitten in der Stadt. Er ist fünf Kilometer lang, an manchen Stellen einen Kilometer breit und hat ein Wegenetz von 78 Kilometern. Über die Bachläufe führen 100 Brücken. Zuerst hatte er den Namen „Theodors Park", weil der bayerische Kurfürst Karl Theodor ihn anlegen ließ. Ihm war 1777 Bayern als Erbe zugefallen. Und nun musste er in München regieren, obwohl er viel lieber in seiner eigenen Residenz in Mannheim geblieben wäre. Ihm gefiel Bayern nicht und deshalb versuchte er, es gegen die Niederlande einzutauschen. Aber daraus wurde nichts. Nun entschloss er sich, etwas für die Verschönerung Münchens zu tun. Aus seiner Heimat hatte er den Gartengestalter Ludwig von Sckell mitgebracht, der sich mit der Anlage eines Gartens im Englischen Stil beschäftigen sollte. Die Engländer liebten Parks, die wie eine natürliche Landschaft angelegt waren, mit unterschiedlichen Bäumen und Sträuchern, geraden und krummen Wegen, Bachläufen und Wasserfällen. Das war das Gegenteil von den Französischen Gärten, in denen alles exakt geplant und geometrisch angeordnet war, die Wege schnurgerade verliefen, alles gezupft, gerupft und beschnitten war und das Wasser aus Springbrunnen sprudelte. Nach drei Jahren war der Englische Garten 1792 fertig und durfte von jedermann betreten werden. Alle 40 000 Münchner konnten hier spazieren gehen und frische Luft schnappen. Das war zu dieser Zeit außergewöhnlich. Bisher waren Gärten nur der adeligen Hofgesellschaft vorbehalten. Bald schon wurde auch ein See angelegt. Auf dem Kleinhesseloher See konnten die Münchner im Sommer Bötchen fahren und im Winter Schlittschuh laufen. Das machte Freude. Oben auf dem Berg, der aus dem Erdreich des Sees entstanden war, setzte man den Monopteros, den kleinen runden griechischen Tempel.
So hat Karl Theodor den Münchnern ein großartiges Geschenk gemacht, an dem sich alle bis heute erfreuen können.

Der Monopteros

Wellenreiten auf dem Eisbach am südlichen Rand des Englischen Gartens.
Der riesige Englische Garten mitten in der Stadt ist einmalig in Europa.

Die Neuzeit

Das Gemälde von 1632 zeigt die schlimmen Zustände in München – Brutalität und Gewalt gehörten zum Straßenbild.

Mit dem Kindl in die Neuzeit

Das Zeughaus

„Ich kann so lange im Englischen Garten bleiben wie ich will. Ich habe euch alles aus meiner Zeit gezeigt. Macht was ihr wollt. Ich sage nichts mehr." Dann legte der Teufel sich lang ausgestreckt auf die Wiese und machte die Augen zu.

„I glaub, du hast was vergessen, was noch zum Mittelalter dazu g'hört. Mit'm Mittelalter moant mer die Zeit von 500 bis 1500", entgegnete das Kindl.

„Tsss ... tsss ... Ich werde ja wohl wissen, von wann bis wann meine Mittelalterzeit geht. Ich habe nichts vergessen. Gar nichts. Ich vergesse nie was. Ich kann gar nichts vergessen", entgegnete der Teufel gelangweilt und nahm seinen Schwanz in die Hand und ließ ihn kreisen.

„I glaub' scho!", beharrte das Kindl.

„Störe mich bitte nicht weiter. Ich will schlafen."

„Wisst's was der vergessen hat?", wandte das Kindl sich nun an Emma und Mercur. „Der hat des Zeughaus, des Waffenarsenal, vergessen. Des ist nämlich am End vom Mittelalter g'baut worden. Des war vollgestopft mit Spießen, Speeren und Hellebarden und Rüstungen und Donnerbüchsen und ... dem ganzen Zeugs für den Krieg. Des gehört noch in seine Zeit." Während das Kindl noch sprach, lief der Teufel vor Wut rot an, sprang auf und rannte aufgeregt hin und her.

„Hast des jetzt geschnallt?", rief das Kindl dem Teufel hinterher. „Das Zeughaus, wo heutzutage das Stadtmuseum seine Heimat hat, ist von 1491 bis 1494 gebaut worden. Und die ganze Ausstellung im Zeughaus zeigt die Geschichte von München. Von Heinrich dem Löwen angefangen bis in die heutige Zeit. Und des gehört zum Mittelalter."

„Weißt du was, wenn ich einen Spieß hätte, würde ich dich damit stechen. Ich würde dich an deiner saublöden Kutte aufspießen und an der Kapuze festnageln. Ich würde die Donnerbüchse auf dich richten,

Das Zeughaus

Von 1491 bis 1494 entstand das Zeughaus, die Waffenkammer der Stadt. Es war zu dieser Zeit neben der Frauenkirche das größte Bauprojekt im spätmittelalterlichen München. Hier wurden die städtischen Waffen, Rüstungen und Sonstiges untergebracht, mit dem die Bevölkerung ausgerüstet wurde, wenn der Landesherr in kriegerische Auseinandersetzungen verwickelt war. Daneben gab es noch ein fürstliches Zeughaus, dessen Kriegszeug immer auf dem neuesten Stand der Waffentechnik war. Seit 1888 zeigt das Münchner Stadtmuseum im Zeughaus seine Sammlung den Besuchern. Es ist der älteste weltliche Bau in München, der sich aus dem späten Mittelalter erhalten hat.

dass dir Angst und Bange wird und dir dein dämliches Bairisch noch vergehen wird. Du mit deiner elendigen Klugschwätzerei!", regte sich der Teufel auf. Nun platzte dem Kindl der Kragen.

„Ja, wo sammer denn? Mit so'am Deppaten bleib i net z'samm. Hörst mich?", schrie es den Teufel an, stand auf und ging. „I bin weg. Pfiad eich!", sagte es noch, ohne sich noch einmal umzudrehen.

Emma und Mercur guckten sich betreten an. Dann bemerkten sie, dass der Teufel sich rubbeldiekatz aus dem Staub gemacht hatte. Er war verschwunden. Es war nun nichts mehr von ihm zu sehen und zu riechen.

„Was jetzt?", fragte Emma ratlos. Mercur zuckte die Schultern.

Das Stadtmuseum im Zeughaus

Emma und Mercur hatten beschlossen, ins Zeughaus zu gehen. Bald standen sie in der großen Eingangshalle. Hier sahen sie die drei Wappenschilder aus dem Saal des Alten Rathauses: das Wappen für München mit dem Mönch, das für das Herzogtum Bayern mit den weißblauen Rauten und das für das Herrscherhaus Wittelsbach mit dem goldenen Löwen.

Nachdem sie die Ausstellung betreten hatten, sahen sie das originale Standbild von Heinrich dem Löwen, die originalen Moriskentänzer, die originalen Putten von der Mariensäule und einen originalen Münchner Ziegel. Emma wunderte sich darüber. Aber dann verstand sie es. „Typisch München" nannte sich die Ausstellung im Stadtmuseum und der Stein war eben typisch für die Stadt. Die meisten Häuser hier waren aus Ziegelsteinen gemauert. Lange blieben sie am Modell stehen, das die Stadt etwa im Jahre 1570 zeigt. Sie freuten sich jedes Mal, wenn sie etwas im Modell wiedererkannten, zum Beispiel das Isartor, den Schönen Turm oder das Alte Rathaus. Aber bald hatten sie genug und jeder guckte sich alleine an, was ihm gefiel.

Drei Wappen empfangen die Besucher im Stadtmuseum. Sie stammen aus dem Saal des Alten Rathauses.

Das Gemälde von Joseph Stephan aus der Zeit um 1770 zeigt die Arbeit in einer Ziegelei. Auf dem Acker ist der Lehm schon metertief abgetragen. Mit dem Holz im Vordergrund wird der Ofen befeuert, in dem die Ziegel gebrannt werden. Er steht im großen Schuppen. Leider hat der Maler vergessen, den Kamin zu malen, durch den der Rauch des Ofens abziehen muss. Das Pferdefuhrwerk transportiert die gebrannten Ziegel nach München.

Mercur interessierte sich besonders für Kriegsausrüstungen, für Ritter und Turniere und Kuhmaulschuhe.

Emma betrachtete die weltberühmten geschnitzten Moriskentänzer, einen nach dem anderen. Dann studierte sie ein Gemälde, das den Marienplatz im Jahre 1634 zeigt, der zu dieser Zeit noch „Schrannenplatz" genannt wurde. Es gab viel darauf zu sehen: eine Prügelei mit jungen Männern, eine Hinrichtung durch den Strang, einen Schandesel aus Holz für ungehorsame Soldaten. Emma entdeckte auch Diebe, Taschendiebe, Liebespaare, Kartenspieler und noch vieles mehr.

Rüstungen im Zeughaus

Dann blieb sie vor einem merkwürdigen Gebilde aus löcherigem, weichen Tuffstein stehen. „So was stellt man doch nicht im Museum aus, so einen alten unansehnlichen Stein", dachte sie und las die Beschriftung: „Spitze des Münchner Fausttürmchens. Kalktuff. 14. Jahrhundert", stand darauf zu lesen. Sie erfuhr weiter, dass dieses Faust-

Eine Ansicht der Stadt:
das „Sandtnermodell"

An dem großen Modell, das die Stadt zur Zeit des Herzogs Albrecht etwa im Jahre 1570 zeigt, sieht man den inneren Stadtmauerring in der Form eines Ovals und den äußeren Stadtmauerring in der Form einer Armbrust. Der Marienplatz ist der Schnittpunkt von zwei Straßen: Sie führen vom Isartor im Osten zum Neuhauser Tor im Westen und vom Schwabinger Tor im Norden zum Sendlinger Tor im Süden. In der Stadt lebten zu jener Zeit etwa 20 000 Menschen. Durch die beiden Straßen wurde München in vier Stadtviertel eingeteilt: das Kreuzviertel mit der Frauenkirche, das Graggenauviertel mit der Residenz, das Angerviertel mit dem Zeughaus und das Hackenviertel mit dem Herzogsspital. Die Stadtbefestigung war ein Gebilde aus mehreren ineinander verschachtelten Stadtmauern, Gräben und Bastionen*. Das Bild der Stadt hat sich bis zur Niederlegung der Stadtmauer ab 1791 nicht wesentlich verändert.

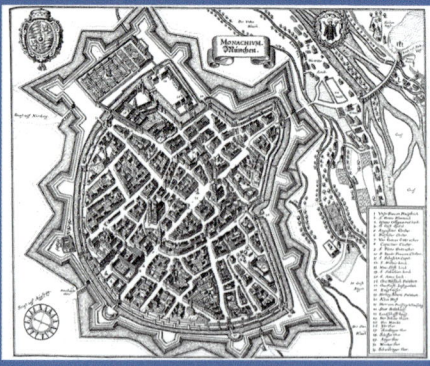

türmchen ein Teil der mittelalterlichen Stadtmauer war und in der Nähe des Sendlinger Tores stand. Es diente als Plumpsklo für die Wachmannschaften, welche die Stadtmauer bewachten. Im Jahr 1873 ist es abgebrochen worden.

„Und woher kommt der Name?", dachte sie und las weiter in der Beschriftung: In der Turmspitze wollte man eine geballte Faust erkennen. Der Sage nach erinnert sie an einen Ratsherrn, der die Stadt verraten hatte und zur Strafe lebendig im Turm eingemauert wurde. Um Verräter zu warnen, wurde die Faust auf die Spitze des Turmes gesetzt.

Emma traf Mercur vor den riesigen Herrscherbildern wieder. Sie zeigten die bayerischen Könige im Krönungsornat. Sie war sehr beeindruckt.

„Ein Herrscherbild vertrat den Herrscher, wenn er nicht persönlich anwesend sein konnte. Es stand für seine Anwesenheit", erklärte Mercur. „Wer etwas Schlechtes über den König gesagt oder Kritik an ihm geübt hatte, musste mit einem Kniefall vor dem Bild um Verzeihung bitten."

„Mmh ...", überlegte Emma und guckte sich König Maximilian I. Joseph von Bayern auf dem Gemälde genauer an. „Ein bisschen verkleidet sieht der schon aus. Wie an Fasching oder Karneval", sagte sie dann.

Schlimme Zustände herrschten im Jahr 1634 in München. Auf dem Gemälde ist neben Schlägereien und Messerstechereien auch ein Hingerichteter am Galgen zu sehen. Im kleinen Haus mit dem Holzdach ist die Polizeistation untergebracht. In der Mitte des Bildes sind zwei Soldaten zu sehen. Sie sitzen zur Strafe auf dem Schandesel aus Holz, weil sie die Truppe unerlaubt verlassen haben.

Das Fausttürmchen und der Ratsherr

Im Mittelalter waren die Bürger verpflichtet, die Stadtmauer zu bewachen. Sie mussten dafür sorgen, dass alle Stadttore bei Dunkelheit verschlossen und im Morgengrauen wieder geöffnet wurden. In der Nacht mussten sie Wache halten, durften nicht einschlafen und mussten sofort Alarm geben, wenn sich etwas Verdächtiges ereignete. Nun hatte ein Raubritter die Idee, in der Nacht mit seiner Räuberbande in der Stadt auf Raubzug zu gehen. Aber wie sollte er das machen? Alle Tore waren bewacht und auf der Mauer standen Posten. Der Raubritter überlegte hin und her. Dann hatte er eine Idee. Er ging zu einem Ratsherrn und zeigte ihm seinen Geldbeutel. Dann schlug er darauf, sodass die Goldgulden aneinanderschlugen. „Wenn du was davon haben willst, musst du mir in der Nacht ein Stadttor öffnen. Dann bekommst du deinen Anteil." Dem Ratsherrn gingen die Augen über und die Gier überfiel ihn. In der Nacht hielt er Wache am Tor und wie versprochen, öffnete er es, als der Raubritter mit seiner Bande davor stand. Nun war aber der schöne Plan belauscht und verraten worden und plötzlich sprangen Bewaffnete aus der Dunkelheit auf die Bande zu und verpassten ihnen mit Spießen und Morgensternen, Knüppeln, Äxten und Faustschlägen eine gehörige Abreibung. Laut jammernd und klagend wurden sie schließlich in den Kerker geworfen. Nur wenigen Räubern gelang die Flucht. Auch der Raubritter kam hinter Schloss und Riegel. Aber den Ratsherrn traf es noch härter. Er wurde in der Nähe des Sendlinger Tores lebendig in ein Türmchen eingemauert. Er bekam nichts zu essen und nichts zu trinken und musste qualvoll verhungern und verdursten.

Auf die Spitze des Türmchens setzte man zur Warnung eine Faust als Zeichen für den Widerstand. Bald nachdem die Gier dem Ratsherrn das Leben gekostet hatte, begann es im Fausttürmchen zu spuken. In der Nacht entzündete sich ein blutrotes Licht und drei gewaltige dröhnende Schwertschläge waren zu hören. Der Sage nach, erschien der Spuk immer dann, wenn man an einem Unschuldigen die Todesstrafe vollzog.

„Das darfst du nicht sagen. Das ist Majestätsbeleidigung! Dafür hättest du vor dem Bild des Herrschers um Verzeihung bitten müssen. Natürlich auf Knien", erwiderte Mercur.

„Findest du das gut?"

„Es war eben so. Es waren andere Zeiten!"

„Mannomann! Gut, dass diese Zeiten vorbei sind", entfuhr es Emma.

Sie war vor dem Modell eines Isarfloßes stehen geblieben, das vom Münchner Floßmeister Kaspar Heiß gebaut worden war. Sie las die Texte an den Wänden und so erfuhr sie viel über die Geschichte der Isar.

König Maximilian I. Joseph von Bayern im Krönungsornat

Die Isar

Die Isar ist etwa 260 Kilometer lang. Sie entspringt im österreichischen Karwendelgebirge und mündet in der Nähe von Deggendorf am Bayerischen Wald in die Donau. Sie fließt etwa 14 Kilometer durch das Stadtgebiet von München. Für viele Jahrhunderte war die Isar ein wichtiger Verkehrsweg zum Transport von Handelsgütern wie Holz, Kalk und Wein. Das Flussbett der Isar ist sehr niedrig. Es können keine Schiffe auf ihr fahren. Deshalb wurden Flöße zum Transport eingesetzt. Jedes Floß musste in München anhalten und seine Waren drei Tage lang zum Kauf anbieten. Das schrieb das Stapelrecht vor, dass in einer Flößerordnung schon um das Jahr 1310 geregelt worden war. Mehr als 8 000 Flöße landeten in einem Jahr in München. Auf den Flößen wurden auch Personen befördert. Jeden Montag fuhr ein Floß auf der Isar bis in die Donau und weiter nach Wien. Als vor etwa 150 Jahren die Dampfmaschine erfunden wurde, war es mit der Flößerei vorbei. Dampfschiffe und Eisenbahnen transportierten die Waren schneller und billiger von einem Ort zum anderen. Heute ist die Flößerei auf der Isar nur noch ein Freizeitvergnügen. Woher der Name kommt, ist nicht mehr genau zu erklären. Man kann ihn aber mit fließendem Wasser oder Eis in Verbindung bringen.

In der Sage „Don Juan" spielt der Teufel eine wichtige Rolle. Die Puppe ist schon älter als 100 Jahre.

Nun fuhr Emma mit dem Fahrstuhl in die Abteilung, in der die Sammlung Puppentheater und Schaustellerei ausgestellt war. So eine Sammlung von Marionetten, Handpuppen, Schattenspielfiguren und Schaustellerpuppen hatte sie noch nie gesehen. Prinzen, Prinzessinnen, Kasperle, Soldaten, Polizisten, Krokodile und viele andere Gestalten. Aus der Welt der Puppen war fast alles vertreten. Es war ein Vergnügen, sie anzusehen. Emma hätte am liebsten sofort damit gespielt. Bei vielen Figuren, die zu einem Spiel gehörten, war auch ein Teufel. Die hatten wohl eine wichtige Rolle in den Stücken aus vergangenen Zeiten. Am besten gefiel Emma der Teufel aus dem Schattenspiel zu „Don Juan". Diese Schattenspielfigur war schon hundert Jahre alt.

„Der sieht lustig aus. Der sieht unserem Teufel ähnlich", dachte Emma. Aber dann fand sie ihre absolute Lieblingsfigur. Es war die Zirkusakrobatenpuppe, die an einem Reck turnte.

Zirkusakrobat am Reck

„Das war schön. So viele Puppen, so viel Theater!", schwärmte sie, als sie wieder in der großen Eingangshalle stand und Mercur wieder traf.

„Hast du das Kindl gesehen und den Teufel?", fragte Emma ihn. Aber er schüttelte den Kopf. Dann zog Emma ein Geruch in die Nase. Ein Geruch nach Feuer und Erde.

„Er muss hier sein."

„Der Teufel?"

„Ich rieche ihn. Irgendwo muss er sein. Ganz in der Nähe." Dann sah sie ihn. Mit eingekniffenem Schwanz und gesenktem Kopf kam er auf die beiden zu.

„Kann ich wieder mit euch gehen?", grummelte es zwischen den Zähnen aus seinem Teufelsmaul heraus und aus seinen Teufelsaugen kullerten zwei dicke Tränen über sein Teufelsgesicht.

„Alte Kratzbürste", entfuhr es Emma. „Teufelsbraten, Stinkstiefel! Immer machst du Ärger und suchst Streit. Das Kindl wollte uns von der Neuzeit erzählen. Da ist viel passiert in München. Und jetzt? Wer weiß, ob es wiederkommt." Der Teufel guckte beschämt auf den Boden.

„Ich kann nun mal kein Engel sein. Teufel bleiben immer Teufel. Was soll ich machen? Mich mag ja auch keiner. Keiner mag mich. Das ist nicht schön", grummelte er zerknirscht und wischte sich die Tränen weg.

„Übertreib mal nicht. Du musst nicht jammern." Emma gab ihm ein Taschentuch und strich ihm über das kratzige Fell. Sie hatte Mitleid mit ihm. Aber nur ein kleines bisschen.

„Soll ich das Kindl suchen?", fragte Mercur die beiden. „Vielleicht finde ich es."

Er verließ das Zeughaus durch die Tür zum Innenhof. Er wollte sich gerade in die Lüfte erheben, als er die Stimme des Kindls hörte. Es saß inmitten des schattigen Biergartens.

„Mercurius, Mercurius. Kimm a bissal zu mir", rief es Mercur zu. Er war erleichtert und freute sich. Das Kindl war wieder ganz freundlich und gar nicht mehr grantig.

„Kann ich die anderen auch holen? Und könntest du es lassen, bairisch zu reden? Der Teufel regt sich immer so auf", fragte er vorsichtig.

„Jo mei! Warum denn net?", antwortete das Kindl mit einem Grinsen im Gesicht

Fingerhakeln

Beim Fingerhakeln sitzen sich zwei Männer an einem Tisch gegenüber und versuchen den anderen am Finger über den Tisch zu sich herüberzuziehen. Heutzutage ist Fingerhakeln ein organisierter Kraftsport mit bestimmten Vorschriften und Regeln. Jedes Jahr werden in verschiedenen Gewichts- und Altersklassen etliche Meisterschaften ausgetragen. Früher sollen im Alpenland auf diese Weise Streitereien ausgetragen worden sein. Weil beim Fingerhakeln weniger die Kraft, als vielmehr die Geschicklichkeit über den Sieg entscheidet, ist auch der Spruch „Jemanden über den Tisch ziehen" entstanden. Das bedeutet, dass man jemand mit einem Trick besiegen oder ausspielen will.

Als sie alle beieinander am Tisch saßen, erzählten Emma und Mercur vom Stadtmuseum. Der Teufel war sehr still und sagte kein Wort.

„Bist du stark?" fragte ihn das Kindl plötzlich. „Sollen wir Fingerhakeln? Meinst du, du kannst das?" Der Teufel guckte das Kindl verblüfft an.

„Jo woas denn?"

Dann nickte der Teufel und sie setzten sich gegenüber an den Tisch.

„Leg dein Arm auf den Tisch und hak dich bei mir ein. Am besten mit dem Mittelfinger. Und dann musst du ziehn, was das Zeug hält, wenn ich das Kommando gegeben hab. Also: Beide Hakler – fertig – zieh!"

Der Teufel zog schon mit Leibeskräften, da schrie das Kindl: „Halt. Ich hab' was vergessen. Ihr müsst euch hinter uns stellen, als Auffänger."

Emma stellte sich hinter den Teufel und Mercur hinter das Kindl. Und nachdem es zum zweiten Mal das Kommando gegeben hatte, zogen beide mit Leibeskräften, bogen sich nach hinten und versuchten, sich gegenseitig über den Tisch zu ziehen. Plötzlich verließen den Teufel die Kräfte und das Kindl zog ihn über den Tisch.

„Das muss man trainieren. Kraft allein reicht nicht zum Fingerhakeln. Da braucht man auch die Technik", sagte das Kindl und lachte, während der Teufel sich die Pranke rieb.

„Jetzt pack mas mit der Neuzeit! Kemmt's mit. Mir gehn übers Sendlinger Tor zur Asamkirche. Des is die schönste Barockkirche* in ganz Bayern. Und unser Teufelsbraten wartet beim Sendlinger Tor, bis mir aus der Kirch'n wieder heraußen sind."

Keiner wagte dem Kindl zu widersprechen, obwohl es wieder seinen bairischen Dialekt sprach.

Die Asamkirche

„Zuerst muss ich euch die Geschichte erzählen, wie's überhaupt zu dieser Kirche mit dem Namen Asam gekommen ist. Der Egid Quirin und sein Bruder Cosmas Damian Asam waren sehr angesehene Architekten, Maler und Bildhauer. Sie bekamen Aufträge aus ganz Europa. Eines Tages mussten sie wertvolle, unersetzliche Kunstwerke mit einem Schiff auf der Donau transportieren. Plötzlich kam ein heftiger Sturm auf, der das Schiff hin und her warf. Bald war es nicht mehr zu steuern. Es schlingerte auf dem Strom herum und wurde wie ein Spielball von den aufpeitschenden Wellen gegen die Felsen des Ufers und wieder zurück geworfen. Die ganze Schiffsmannschaft war in Lebensgefahr und die kostbare Fracht drohte im Wasser zu

versinken. In dieser Not rief Egid Quirin den heiligen Nepomuk an, denn der war für die Rettung von Menschen in Seenot zuständig.

,Heiliger Nepomuk, hilf! Heiliger Nepomuk, hilf und rette uns vor dem jämmerlichen Ertrinken, rette uns aus der Not!', rief er immer wieder. Und wie ein Wunder, ließ der Sturm so plötzlich nach, wie er begonnen hatte. Nun konnte das Schiff seine Fahrt ohne Schaden fortsetzen und die Mannschaft und die wertvolle Fracht kamen wohlbehalten an."

„Ich kann mir denken, wie die Geschichte weitergeht", unterbrach Emma das Kindl.

„Aus Dankbarkeit haben die beiden Brüder beschlossen, dem heiligen Nepomuk eine wunderschöne Kirche zu bauen."

„Bist a Hellseherin, oder was? Des ham die tatsächlich g'macht. Aber für die beiden Brüder war es gar nicht einfach, eine Erlaubnis zu bekommen, denn wo kommt man hin, wenn jeder die Idee hat, neben seinem Haus auch gleich eine Kirche zu bauen. Hier neben der Asamkirche haben die beiden Brüder nämlich gewohnt", sagte das Kindl und zeigte auf

Die Asamkirche wurde von 1733 bis 1746 im Stil des Spätbarock* erbaut.

Die Brüder Egid Quirin und Cosmas Damian Asad bauten ihre Kirche zwischen die Wohnhäuser der Sendlinger Straße. Da sie direkt nebenan wohnten, konnten sie durch ein Fenster ihres Wohnhauses auf den Altar blicken.

das reich geschmückte und bemalte Wohnhaus gleich neben der Asamkirche.

„Aber sie haben es geschafft. Sie haben den Bürgermeister und den Kurfürsten überzeugen können und bauten eine so schöne kleine Kirche, dass alle Münchner begeistert waren. Und das viele Geld, das der ganze Prunk gekostet hat, des war ihr eigenes! Nur a bisserl ham die Münchner dazu getan."

„Warum liegen die beiden mächtigen Felsbrocken vor dem Eingang?", fragte Mercur das Kindl, als sie in der Sendlinger Straße vor der Kirche standen.

„Die Felsbrocken? Die sollen die Erinnerung an die Felsen wachhalten, gegen die das Schiff von den Asams geschleudert ist. Vielleicht stehen sie aber auch für die Worte von Jesus Christus an seinen Apostel Petrus: ‚Du bist Petrus, der Fels, und auf diesen Fels will ich meine Kirche bauen'."

„*Petros* ist griechisch und bedeutet Fels", sagte Mercur und fing sich einen strafenden Blick von Emma ein. Sie konnte es nicht leiden, wenn Mercur wie ein Lehrer auftrat und alles verbesserte. Nun zeigte das Kindl auf das große Eingangsportal mit den Schnitzereien aus dem Leben des heiligen Nepomuk.

„Da, überm Portal schwebt der Nepomuk auf einer Wolke in den Himmel, gleich von drei Engeln begleitet", erklärte das Kindl. Es zeigte auch auf das große Fenster darüber.

„Das muss so groß sein. Wie soll sonst Licht hineinkommen? Die Kirche ist mal gerade neun Meter breit und eingezwängt zwischen den Häusern, da ist für große Fenster sonst kein Platz mehr. Habt ihr das goldene Herz gesehen? Das ist das Zeichen der Liebe. Für die Hoffnung steht die eine Frauengestalt und für den Glauben die andere neben dem Herz. Das sind die drei göttlichen Tugenden: Glaube, Liebe, Hoffnung. Soll'n mer jetzt neigeh'n?"

Schon im Vorraum zur Kirche waren Mercur und Emma ganz still und andächtig geworden. Aber als sie den Kirchenraum betraten, fühlten sie sich in eine andere Welt versetzt. So etwas hatten Mercur und Emma noch nie gesehen. Solch eine Überfülle von Kunstwerken: große und kleine meisterhaft geschnitzte Engel- und Heiligenfiguren, gedrehte Säulen, goldverzierte Schnitzereien, Tafeln mit Inschriften, Fensterbekrönungen, Decken- und Wandmalereien. Kein Fleck an den Wänden und an der Decke war ohne eine goldene Dekoration, eine Heiligenfigur oder ein Bild.

„In der ganzen Kirche werden die Menschen daran erinnert, ein gottgefälliges Leben zu führen, Fehler zu bereuen und Buße zu tun. Überall finden sich Mahnungen, Drohungen und Aufforderungen. Die Menschen sollen die Sünden bereuen und beichten, denn das Jüngste Gericht* steht bevor und dann ist Heulen und Zähneklappern angesagt, weil keiner ihm entkommt", erklärte das Kindl.

Die Darstellung im Vorraum der Asamkirche zeigt, wie der Tod den Lebensfaden durchschneidet.

„Haben die Menschen Angst gehabt, nicht in den Himmel zu kommen?", fragte Emma.

„I glaub scho. Die haben früher viel an die letzte Stund gedacht, an den Tod und was danach kommt. Und sie haben geglaubt, was darüber in der Bibel steht."

Dann zeigte es auf den Beichtstuhl auf der rechten Seite. Auf dem Spruchband daran stand zu lesen: *„Mors peccatorum pessima"*. Mercur übersetzte den lateinischen Spruch: „Der Tod der Sünder ist besonders schrecklich."

„Schaut's, da bestraft der heilige Bruno grad einen armen Sünder, weil er nicht fromm genug in seinem Leben war", fügte das Kindl hinzu.

„Habt's an die Decke geschaut?", fragte das Kindl nach einiger Zeit. „Das Gemälde von der Himmelfahrt des heiligen Nepomuk da heroben hat der Cosmas Damian Asam gemalt. Tage und Wochen hat er hoch oben auf einem hölzernen Gerüst

In der Asamkirche gibt es vier Beichtstühle. Sie zeigen den Tod, das Jüngste Gericht, die Seligkeit und die Verdammnis. Auf der Abbildung ist der Beichtstuhl zu sehen, auf dem der heilige Bruno einen Sünder ins Grab zurückdrängt.

verbracht. Dann kam ein Neugieriger vom Hof des Kurfürsten und hat abschätzig über die Malerei gesprochen. Des war ein Aufschneider aus dem kurfürstlichen Marstall*. Er könnt als Stallknecht besser auf die feuchte Wand malen als der Cosmas Damian hat er behauptet. Aber er hat nicht gewusst, dass der Künstler hoch oben auf dem Gerüst stand und alles mithören konnte. Der hat sich gerächt und den Aufschneider an die Decken gemalt – aber wie! Der hat sich nie wieder blicken lassen, so geschämt hat er sich! Wisst's wie die beiden Brüder ausgesehn haben? Da hinten, rechts und links neben dem Hochaltar könnt ihr im ovalen goldenen Rahmen ein Bildnis von ihnen sehn."

Emma und Mercur gingen näher zum Altar, um die Bildnisse der Brüder und auch den Hochaltar besser sehen zu können.

„So eine verschwenderische Pracht!", sagte Mercur beeindruckt.

„Das alles sollte auf die Gefühle der Menschen wirken und sie ermahnen, ein frommes Leben zu führen, damit sie später in den Himmel kommen. Wollt's zum Schluss noch a G'schicht hörn?"

Die Braut und der Tod

Zwei echte Münchner Kindl wollten in der Asamkirche heiraten. Am Abend vor der Hochzeit half der Bräutigam noch bei den Vorbereitungen für die große Hochzeitsfeier. Er stand im Keller und nahm die Bierfässer entgegen, die an einem Seil herabgelassen wurden. Bald war die Arbeit getan und das letzte Fass wurde heruntergelassen.

Doch plötzlich riss das Seil und das schwere Bierfass stürzte hinab in den Keller, auf den Kopf des Bräutigams und erschlug ihn. Als die Braut vom Unglück hörte und vom Tod ihres Bräutigams erfuhr, brach sie vor Schmerz zusammen.

All ihr Glück, ihre Hoffnungen und Pläne waren nun dahin. Oft schaute sie ihren kostbaren Brautschmuck an, der nun seinen Sinn verloren hatte. Voller Trauer verlor sie allen Lebensmut und schenkte den Brautschmuck der Johann-Nepomuk-Kirche. Die Trauer zehrte an ihrer Gesundheit und bald starb sie an gebrochenem Herzen. Aus dem wertvollen goldenen Brautschmuck aber wurde etwas ganz Neues für die Asamkirche: eine Monstranz, in der die Hostien* aufbewahrt werden.*

„Wir müssen zum Sendlinger Tor. Der Teufel wartet bestimmt schon lange auf uns. Der denkt, wir hätten ihn vergessen und er wäre ganz alleine", sagte Emma. Sie verließen die schöne Asamkirche und waren nach wenigen Schritten am Sendlinger Tor. Aber Emma sah nichts vom Teufel und roch auch nichts. Er war nicht da.

„Vielleicht ist er rubbeldiekatz durch das Tor über Innsbruck nach Italien. Die Richtung stimmt. Wir sind vor zweitausend Jahren auch über Innsbruck gekommen."

„Des glaubst selber net. Was soll der Teufel denn in Innsbruck und in Italien? Außerdem gab es das Tor in den Süden zur Römerzeit noch gar nicht. Das ist erst unter Herzog Ludwig dem Bayern errichtet worden. Da hatte des Tor noch einen Mittelturm und nicht nur die beiden Flankentürme, die ihr jetzt seht. Wisst's, im Mittelalter wurden die Tore abends geschlossen und erst im Morgengrauen wieder aufgesperrt. Des war die Sache der Bürger, für die Sicherheit zu sorgen. Wer nach Toresschluss kam, hat dumm ausgeschaut. Der fand keinen Einlass in die Stadt."

Noch während das Kindl erzählte, zog Emma ein Geruch in die Nase und als es geendet hatte, war sie sicher, Feuer und Erde zu riechen.

„Er muss hier sein." Alle ließen ihre Augen umherschweifen und dann sahen sie ihn am Stand einer Blumenhändlerin zwischen den Blumen.

„Wo warst Du? Wir haben auf dich gewartet", sprach Mercur den Teufel an.

„Ratet mal", sagte er und stellte sich bestens gelaunt vor die drei und ließ seinen Schwanz kreisen. „Ratet ihr nie! Ich sage nur Es-pe-ran-to-platz." Emma und Mercur kannten keinen Esperantoplatz und sie kamen auf keine Idee, wo der Teufel gewesen sein könnte.

„Du warst auf der Wiesn. Stimmt's? Der Esperantoplatz ist nämlich vor der Theresienwiese", sagte das Kindl dem Teufel auf den Kopf zu.

„Stimmt", sagte er bestens gelaunt.

„Aber heuer ist doch kein Oktoberfest!"

„Macht doch nichts. Ist trotzdem interessant. Ich hab' den ganzen riesigen Platz gesehen und die Bavaria und die Ruhmeshalle."

„Weißt du denn, wie's zum Oktoberfest gekommen ist? Und warum die Wiesn Theresienwiesn heißt? Der Kronprinz Ludwig hat mit vierundzwanzig Jahren die Prinzessin Therese von Sachsen-Hildburg-

Oktoberfest

hausen geheiratet. Des war am 12. Oktober 1810. Die haben tagelang die Hochzeit gefeiert und zum Abschluss gab's ein großes Pferderennen auf einer Wiesn weit vor der Stadt. Vierzigtausend Leute haben zugeschaut, genauso viel wie damals in München gewohnt haben. Im nächsten Jahr gab's wieder ein Pferderennen, obwohl keine Hochzeit gefeiert wurde und im nächsten Jahr wieder ..."

„Und im nächsten Jahr wieder. Und so ging das bis heute weiter und ist seit über zweihundert Jahren Tradition", unterbrach Emma das Kindl.

„Jo. Des is richtig. Bald wurde die Wiesn Theresiens Wiese genannt, weil die Therese nun auch schon Königin von Bayern geworden war. Dann wurden Karussells und Schaukeln aufgestellt und Bierzelte und Bänke. Und so ist es gekommen, dass sich immer mehr Menschen auf der Wiesn amüsiert haben. Und dann haben sie noch was gemacht. Sie haben das Oktoberfest in den September verlegt."

„Warum?", wollte der Teufel wissen.

„Weil's Wetter im September besser mitspielt. Am ersten Samstag nach dem 15. September setzt sich dann der Zug der Wiesenwirte in Bewegung. Und wisst ihr, wer den Zug anführt? I, des Kindl, führ' den Zug an, auf'm Ross. Und hinter mir kommt der Oberbürgermeister. Um Punkt zwölf Uhr sticht er das erste Bierfass an und sagt die berühmten Worte: ‚O'zapft is!' Und am Sonntag gibt's dann den Trachten- und Schützenzug, in dem Gruppen aus ganz Bayern und Europa durch die Straßen ziehn."

„Kannst du mir was von der Bavaria erzählen?", fragte der Teufel das Kindl.

„A schöne G'schicht' kann i euch von der erzählen. Hörts zu!"

Die kolossale Bavaria und die Ruhmeshalle auf der Theresienwiese

Als Ludwig I. König war, packte ihn der Größenwahn. Er wollte eine fast zwanzig Meter große Statue der Bavaria, der weiblichen Symbolgestalt für Bayern, aufstellen. Sie sollte am Rand der Wiesn stehen und von der Ruhmeshalle und dem Bavariapark umrahmt werden. Solch eine riesige Statue aus Bronze hatte es seit der Römerzeit nicht mehr gegeben. Ludwig I. sagte angeberisch: „Der römische Kaiser Nero und ich sind die Einzigen, die so Großes gemacht haben." Zuerst entstand die Bavaria in Originalgröße aus Gips. Danach wurden vier Teile aus Bronze gegossen: Kopf, Brust, Hüfte und die untere Hälfte mit dem Löwen. Dazu noch das Schwert, der Kranz und die Krone. Alles zusammen wog fast neunzig Tonnen. Als der riesige Kopf, in dem fünfundzwanzig Personen Platz finden können, fertig war, gab es eine Vorbesichtigung mit einem Festakt für den König. Dazu hatte man sich etwas Besonderes ausgedacht: Achtundzwanzig Arbeiter und zwei Kinder mussten sich in den Kopf zwängen und beim Stichwort „Lebe hoch" aus dem Kopf herausklettern. König Ludwig hüpfte vor Freude, so begeistert war er. Dann wollte er das

Schauspiel noch einmal vorgeführt haben. Also: Alle dreißig noch einmal hinein in den Kopf und alle dreißig wieder hinaus – zur Freude der königlichen Hoheit! Als die Bavaria 1850 fertig war und der Wagen sie mit zwanzig Pferden auf die Theresienwiese zog, war Ludwig I. kein König mehr. Man hatte ihn 1848 gezwungen abzudanken. Er musste seinem Sohn Maximilian II. die Regierung übergeben.

„Jetzt gemma zur Residenz. Und auf dem Weg zeig i euch den Rinderbrunnen, die Alte Münze, das Nationaltheater und den Max-Joseph-Platz und des Denkmal."

Auf dem Weg zur Residenz

Der Rindermarktbrunnen

Am Rindermarktbrunnen machten sie eine kurze Rast. Der Teufel spritzte sich sein kratziges Fell nass und plantschte im Wasser herum. Auch Emma kühlte sich die Füße und Mercur setzte sich auf die Mauer und ließ die Beine baumeln.

„He, Emma", rief der Teufel. „Stell dir vor, ich säße auf so einem Riesenrindviech. Würde das gut aussehen?"

„Das würde sehr eindrucksvoll aussehen. Der Teufel auf'm Rindviech!", antwortete Emma und lachte. Sie glaubte nicht daran, dass der Teufel es wirklich machen würde, doch schon im nächsten Augenblick saß die Kratzbürste auf dem Rücken des schweren Tieres. Aber noch bevor jemand Protest erhob, war er wieder unten. Denn auch der Teufel wusste, dass die Rindviecher keine Spielgeräte waren,

Der Rindermarktbrunnen ist ein beliebter Treffpunkt für die Münchner. Im Sommer kann man sich die Füße im Wasser abkühlen und zur Weihnachtszeit den Kripperlmarkt besuchen.

sondern Kunstwerke vom Bildhauer Josef Henselmann, die 1964 am Rindermarkt aufgestellt wurden.

„Hier wurden früher die Viecher verkauft. Habt ihr den Hirten gefunden, der sie bewacht? Der sitzt da hinten auf der Mauer zwischen den Leuten. Hier bei den Rindviechern kannst du dich gut verabreden. Des ist a ganz beliebter Treffpunkt für die Münchner", sagte das Kindl. Alle wären am liebsten noch beim schönen Brunnen geblieben. Aber sie setzten ihren Weg zur Alten Münze fort.

Die Alte Münze

„Hier, beim Bayerischen Landesamt für Denkmalpflege in der Alten Münze sind so etwa dreihundertfünfzig Mitarbeiter beschäftigt", sagte das Kindl als sie im Innenhof der Alten Münze angekommen waren.

„Und was tut so ein Standesamt für Denkmäler?", fragte der Teufel.

„Das Kindl hat nicht Standesamt gesagt, sondern Landesamt", verbesserte Mercur.

„Ist doch egal – oder?"

„Des is a großer Unterschied. Standesamt ist das Amt, in dem von der Geburt bis zum Tod alles in Urkunden eingetragen wird. Und Landesamt ist ein Amt des Bundeslandes Bayern. Dieses Landesamt weiß über einhundertzwanzigtausend Baudenkmäler in Bayern Bescheid. Die können alles nachgucken in ihren Dokumenten. Des Amt bewahrt und pflegt alles: Schlösser, Kirchen, Brunnen, Skulpturen, Häuser und all die anderen Denkmäler.

„Der Innenhof ist schön. Hier würde ich auch gerne mal arbeiten", sagte Emma.

„Das ist Renaissance-Stil", fiel Mercur ihr ins Wort. „Dieser Baustil nimmt sich die Baukunst der Römer zum Vorbild."

In der Alten Münze arbeiten die Mitarbeiter des Bayerischen Landesamtes für Denkmalpflege.

„Ah ja! Diese Bogengänge haben mich gleich an Italien erinnert."

„Diese Bogengänge nennt man Arkaden*. Von lateinisch *arcus*, das heißt übersetzt Bogen. Die Bogen ruhen auf Pfeilern. Das ist typisch für die Renaissance. Die Pfeiler sind nicht sehr elegant, wenn ich das mal sagen darf. Sie sind etwas klobig geraten." Emma ging ein paar Schritte zur Seite, weil sie sich ärgerte. Sie konnte sich einfach nicht an Mercurs lehrerhafte Erklärungen gewöhnen.

„Alte Münze? Hat der Name mit Geld zu tun? Mit Gold- und Silber- und Kupfermünzen?", wechselte der Teufel das Thema.

„Ja. Vor zweihundert Jahren hat man hier das königlich-bayerische Geld fabriziert. Aber das Ganze wurde gebaut als Marstall für Albrecht V., vor ungefähr vierhundertfünfzig Jahren. Unten waren die Ställe für die Pferde und die Remisen, in denen prunkvoll verzierte Kutschen und Schlitten, Wagen und des ganze Zaumzeug für die Tiere aufbewahrt wurden. Über dem Marstall wohnten die Bediensteten. Das zweite Obergeschoss war für die Kunst reserviert. Des war mit Kunstwerken der sammelwütigen Fürsten vollgestopft."

„Sollen wir mal weitergehen?", fragte der Teufel. Er hatte genug über die Alte Münze erfahren.

„Pack ma's. Geh'n ma zur Residenz", bestimmte das Kindl und marschierte in so einem Tempo los, dass die anderen kaum mitkamen.

Das Nationaltheater

„Willst du jetzt doch am Max-Joseph-Platz vorbeirennen? Und am Nationaltheater und am Denkmal?", fragte Emma das Kindl, das immer weiter in Richtung Residenz rannte.

„Oh, des hätt i beinah vergessen", sagte es und blieb beim Denkmal von Maximilian I. Joseph, dem König von Bayern stehen. Mitten auf dem Platz fotografierten sich japanische Touristen gegenseitig am Denkmal.

„Max Joseph ist wie ein römischer Kaiser dargestellt. Er trägt eine Toga*. Und sein ausgestreckter Arm zeigt an, dass er ein Herrscher ist. Unser oberster Gott Jupiter wurde auch so dargestellt. Mal sitzend, mal stehend", bemerkte Mercur.

„Unser König Max hätt' sich auch ein Denkmal gewünscht, dass ihn stehend zeigt, oder auf einem Pferd. Aber Max ist so plötzlich gestorben, dass er nix mehr sagen konnte. Es gab noch eine alte Vorlage und danach ist dann das Denkmal entstanden."

„Schon wieder Löwen", stellte Emma fest, kletterte die Stufen hoch und packte allen vier Löwen am Fuß des Denkmals an die Löwenschnauze.

Max-Joseph-Platz

Maximilian IV. war ab 1799 Kurfürst von Bayern. Weil er der vierte Kurfürst mit dem Namen Maximilian war, setzte man eine römische vier hinter seinen Namen. Als Bayern im Jahr 1806 ein Königreich wurde, stieg er zum König auf und nannte sich Maximilian I. Joseph. Er war also der erste König des Bayernlandes mit dem Namen Maximilian. Seine Untertanen nannten ihn einfach König Max. Er starb auf Schloss Nymphenburg. Sein Grab ist in der Theatinerkirche.

„Wittelsbacher Löwen, die bringen Glück. Weißt du, was auf den Bronzebildern am Denkmal dargestellt ist?", fragte Emma das Kindl.

„Die Bilder erzählen davon, was dem König Max wichtig war, als er regiert hat: die Landwirtschaft, die Kunst, die Versöhnung von Katholiken und Protestanten und die Einführung einer Verfassung*. Kannst herausfinden, welches Bild wozu gehört?" Aber Emma hatte keine Lust dazu.

„Das ist ein schöner Platz. In der Mitte das Denkmal und dahinter das Gebäude in der Bauweise eines griechischen Tempels, mit zwei

Das Nationaltheater

König Maximilian I. Joseph wollte zum Vergnügen der Münchner ein neues, großes Theater bauen. Es sollte allen Bürgern offenstehen und nicht nur der Hofgesellschaft. Nach sieben Jahren Arbeit war es 1818 so weit. Das Theater war fertig und erinnerte in seiner Bauweise an einen griechischen Tempel. Fünf Jahre nach der Eröffnung passierte ein großes Unglück. Die Dekoration fing Feuer. Vorhänge, Kulissen und alles, was aus Holz war, loderte in den Flammen, und im Nu stand das ganze Gebäude in Brand. An Löschen war nicht zu denken. Das Feuer war zu heftig. Außerdem war es Winter und das Löschwasser war eingefroren. Nun fraß sich das Feuer durch die Bühne, den Zuschauerraum, durch alle Mauern und das Dach, bis es keine Nahrung mehr fand, weil fast alles zerstört war. Zum Schluss blieben nur die Umfassungsmauern übrig. Es dauerte einige Zeit, bis aus den Ruinen wieder ein Theater geworden war und die erste Vorstellung stattfinden konnte. Im Zweiten Weltkrieg wurde es durch Brandbomben zerstört. Es dauerte wieder seine Zeit, bis es nach dem originalen Vorbild mit modernen Veränderungen wieder aufgebaut war.

Im Nationaltheater spielen die Bayerische Staatsoper und das Bayerische Staatsballett. Zu jeder Vorstellung können 2 100 Zuschauer Platz nehmen. Es zählt es zu den größten Opernhäusern der Welt.

Übrigens ließ Maximilian I. Joseph für diesen Bau ein komplettes Kloster mit Kirche und Friedhof abreißen. Die Münchner grübelten lange darüber nach, ob die Zerstörungen eine Strafe Gottes gewesen sein könnten. Aber sie kamen zu keinem Ergebnis.

Giebeln, Säulen und Stufen, das gefällt mir. Das ist wie zu meiner Zeit", schwärmte Mercur.

„Des Gebäude, des ist des Nationaltheater!" ergänzte das Kindl. Emma sprang die Stufen vom Denkmal hinunter und lief in Richtung Residenzmuseum. Plötzlich blieb sie stehen: „Da sitzen zwei Menschen hinter den Fenstern und gucken auf den Max-Joseph-Platz."

Tatsächlich! König Ludwig I. und seine Gemahlin Therese saßen am Fenster. Aber das konnte nicht sein! Sie waren doch schon lange tot.

Aber es war nur ein Bild, das auf eine Plane gedruckt war. Sie bedeckte die Südwand der Residenz, weil dahinter am Gemäuer gearbeitet wurde.

Ludwig I. und seine Gemahlin Therese auf der Plane vor dem Residenzgebäude

Jetzt drängte das Kindl zur Eile: „Die Residenz ist riesig. Schließlich haben dreizehn Herrscher hier regiert und Hof gehalten und auch gewohnt. Sie brauchten Schlafzimmer, Badezimmer, Ankleidezimmer, Empfangszimmer, Schreibzimmer, Musikzimmer, Dienstbotenzimmer, und was ein Herrscher sonst noch alles zum Leben braucht. Jeder der dreizehn Herrscher hat sich ein Vergnügen daraus gemacht, an der Residenz zu bauen. Jeder nach seiner Vorstellung: Festsäle, Kammern, Treppenhäuser, Kabinette, Gärten, Höfe, Kapellen, Kirchen, Theater, Räume für Gemälde, Räume für feines Porzellan, Räume für Möbel, Räume für Silber, Räume für Uhren, Räume für Kerzenleuchter, Räume für antike Bildhauerwerke und so weiter. Hier ein Festsaal, dort ein Hof, einen Hofgarten, einen Kabinettgarten, einen Apothekenhof, einen Grottenhof, einen Brunnenhof, einen Kapellenhof, einen Kaiserhof, einen Küchenhof, eine Hofkirche und was sonst noch alles."

„Das müssen wir alles besichtigen? Das wird 'ne harte Zeit", stöhnte Emma, als sie zur Kasse gingen.

„Was sollen wir für eine Eintrittskarte kaufen? Für drei Tage? Oder für ein ganzes Jahr?", fragte das Kindl.

„Was? – Ein ganzes Jahr die Residenz besichtigen? Machst du Witze, oder was?", regte Emma sich auf.

„Des hab' i doch net im Ernst g'meint. Aber es gibt viel zu sehen in den einhundertdreißig Schauräumen."

„Ich will das ganze Preschedenz-Museum sehen. Ich will überall hin, in alle einhundertdreißig Schauräume. Nur nicht in die Preschedenz-Doofkirche. Entschuldigung, ich meine natürlich … Doooo-f-kir-

Die Residenz

Als die Wittelsbacher sich in München niederließen, bauten sie um 1250 eine Burg, die wir heute den Alten Hof nennen. Als es ihnen dort zu eng wurde, bauten sie um 1400 die sogenannte „Neuveste", was so viel wie neue Festung oder neue Burg bedeutet. Sie war mit einem Wassergraben umgeben. Von hier aus dehnten die Herrscher ihren Herrschersitz immer weiter aus, bis eine riesige prunkvolle Anlage entstanden war, wie eine Stadt in der Stadt. Den größten Anbau ließ der sammel- und bauwütige König Ludwig I., der von 1825 bis 1848 regierte, errichten. Von 1508 bis 1918, also vierhundertzehn Jahre lang, war die Residenz ununterbrochen Wohnsitz und Regierungssitz der Bayerischen Herzöge*, Kurfürsten* und Könige aus der Familie der Wittelsbacher. Sie liebten die Kunst und sammelten über Jahrhunderte alles, was schön und kostbar war. In ihrer riesigen Residenz, die jeder Regierende nach seinen Vorstellungen und der Mode der Zeit ausbaute, war genug Platz, um allen Kunstwerken einen angemessenen Platz zu geben. So wurde die Residenz zu einer der prächtigsten Fürstenhöfe Europas.
Heute kann jeder in den fürstlichen und königlichen Gemächern umher wandeln. Seit 1920 ist die Residenz für Besucher geöffnet.

Die Residenz

che ... eh ... Schon wieder rausgerutscht. Ich meine Residenz-Hofkirche", brabbelte der Teufel.

„Aber wenn wir da überall nur durchschlurfen – das bringt doch nichts. Man sieht doch nur, was man weiß", gab Emma zu bedenken.

„Jetzt müss'mer gscheid überlegen, wie wir des mit der Residenz am besten machen. Der eine will hier hin, der andere dahin. So ist das immer."

Mercur machte den Vorschlag, dass jeder alleine geht. Damit waren alle einverstanden.

„Soll'n mer uns im Hofgarten am Dianatempel wiedertreffen?" Auch damit waren alle einverstanden.

„Da kann jeder erzählen, wo er gewesen ist und was ihm besonders gut gefallen hat", schlug Emma vor.

„Müssen wir auch Fragen beantworten?", wollte der Teufel wissen.

„Ja!", entschied Emma.

„Tsss ... tsss ... Und wenn ich keine Antwort weiß?"

„Das macht nichts. Man muss nicht auf jede Frage eine Antwort wissen", beruhigte Emma den Teufel.

Dann gingen sie einer nach dem anderen in die Residenz und bald hatten sie sich aus den Augen verloren.

Im Hofgarten

Muschelbrunnen im Dianatempel im Hofgarten

Im Hofgarten war es voll, als das Kindl müde auf einem von acht Wegen auf den Dianatempel zuging. Jeder Weg führte zu einem der acht Bögen des Tempels, der die Mitte des Gartens mit den Rasenflächen und Blumenrabatten bildet. Kurfürst Maximilian I. hatte den Hofgarten und den Tempel vor fast vierhundert Jahren anlegen lassen. Im Innern des Tempels plätscherte aus vier Muschelbrunnen unentwegt Wasser aus Fischmäulern heraus.

Es war schon ein Zufall, dass alle fast zur gleichen Zeit schlapp auf einem der Wege Richtung Tempel entlang schlurften. Im Dianatempel kühlte Emma sich sofort Kopf und Arme mit dem Wasser aus dem Fischmaul. Mercur erhob sich in die Luft und ließ sich oben auf dem Dach zu Füßen der *Tellus Bavaria* nieder, und das Kindl setzte sich auf die Bank, auf der gerade ein Platz frei geworden war. Nur der Teufel hatte noch genügend Energie und ging zu den Boulespielern im Hofgarten. Nach einiger Zeit kam er zurückgelaufen, rieb sich das Schienbein und schrie: „Auaaa, auaaaaaaa! Das haben die doch mit Absicht gemacht. Eine Boulekugel fliegt nicht einfach so gegen mein Schienbein. Die fliegt auf den Kiesweg an das Schweinchen, auaaaa, auaaaa!" Durch sein Gebrüll waren alle zusammengekommen. Aber keiner glaubte an die bösen Boulespieler und die Unschuld des Teufels.

„Und, könnts ihr was Schönes erzählen?", fragte das Kindl.

„Ja", sagte Emma, „ich war in der Schatzkammer und berichte euch davon."

„Mein Interesse galt dem Antiquarium. Davon werde ich euch berichten", sagte Mercur, der gerade wieder sachte auf der Erde gelandet war.

„Ich war im Grottenhof. Grottengut, sage ich euch. Mit viel Blut, eh … ich meine, mit Wasser aus dem Kopf." Aber keiner verstand, was der Teufel mit Blut und Wasser meinte.

„I war im Theater. I liebe des Rokoko, in dem des baut worden is", schwärmte das Kindl.

„Hör auf mit deinem Rockpopo. Ich will jetzt mal anfangen zu erzählen", drängte der Teufel. „Aber nicht unterbrechen! Und Fragen werden erst zum Schluss gestellt!"

Der Grottenhof in der Residenz

„Die Residenz hat zehn Höfe und der Grottenhof ist der Älteste davon. Herzog Wilhelm V. hat ihn im Stil der Renai...ssance von 1581 bis 1589 als einen geheimen Lustgarten anlegen lassen", begann der Teufel, der sich mit französischen Begriffen immer sehr schwer tat. „Nur der bay-

Der goldene Mercur im Grottenhof

erische Herzog durfte darin spazieren gehen. Vielleicht auch seine Gemahlin, der Hofstaat und die Gäste, aber sonst niemand. Die Grotte ist aus schwarzem Tuffstein und mit farbigen Muscheln, Perlmutt und Korallenästchen, Schwämmen und Kristallen übersät. Groteske Monster, Fantasie- und Fabelwesen gucken dich von dieser Wand an. Aus vier kleinen und einem großen Wasserbecken plätschert das Wasser. Und wisst ihr, wer einem von der Grottenwand entgegenfliegt?" Der Teufel unterbrach seine Rede und blickte von einem zum anderen. Aber alle zuckten nur die Schultern. „Ein … großer, ein lebensgroßer und vergoldeter Merkur, der wie aus dem Götterhimmel herabschwebt."

Mercur horchte auf und sah den Teufel mit seinen schönen braunen Augen erstaunt an.

„Glotz mich nicht so an. Das stimmt. Schon wieder der Götterbote und schon wieder ein wohlgeformter, goldener *Merkur volante* mit Flügelhelm, Flügelschuhen und Stab. Und hinter Merkur prangt das bayerische Herzogswappen. Und das, das sieht alles sehr schön aus. Aber jetzt kommt das Beste! In der Mitte vom Grottenhof, zwischen den Beeten, steht ein Brunnen auf einem Steinfuß in einem runden Wasserbecken. Mitten aus der Brunnenschale ragt ein Stein empor und auf diesem Stein liegt ein schöner Frauenkörper. Aber der Körper hat keinen Kopf mehr und aus dem Hals rinnt … nein …, kein Blut, sondern

Aus der Schale des Perseusbrunnens im Grottenhof der Residenz fällt das Wasser unterhalb des Randes aus einer Reihe von Medusenhäuptern in das Steinbecken.

Wasser in die Brunnenschale. Über dem Frauenkörper steht ein heldenhafter, schöner, junger Gott mit Flügelhut. Er hält ein Schwert in der rechten und den abgeschlagenen Kopf in der linken Hand in die Höhe. Und aus dem Kopf fließen drei Blut … nein, ich meine Wasserstrahlen in die Brunnenschale."

„Das mit dem Blut und dem Wasser hast du schon mal verwechselt. Aber stimmt das?", zweifelte Emma.

„Du hast mich unterbrochen. Das ist gegen die Abmachung. Und glaubst du, ich lüge? Tsss ... tsss ...!"

„Nein! Das glaube ich nicht. Aber wer ist die heldenhafte Göttergestalt und wer ist die Frau ohne Kopf? Was ist da passiert? Warum ist der Kopf abgeschlagen?", fragte Emma.

„Das musst du Mercur fragen. Der ist für Mord im Götterhimmel zuständig", grinste der Teufel. Mercur räusperte sich.

„Die Frau ist Medusa. Ihr Haupt ist mit Schlangen statt mit Haaren bedeckt. Die Göttergestalt ist Perseus."

Perseus – eine Sage aus dem Altertum

Perseus war ein Sohn des Göttervaters Zeus, der von seinem Stiefvater Polydektes erzogen wurde. Als Perseus groß geworden war, überredete ihn sein Stiefvater, der gefürchteten Medusa das Haupt abzuschlagen und es dem König zu bringen. Perseus machte sich auf den Weg. Mit Hilfe der Götter kam er in die ferne Gegend, wo viele entsetzliche Ungeheuer hausten. Perseus traf auf die drei Grauen. Sie hatten zusammen nur ein Auge und einen Zahn. Sie zeigten ihm den Weg zu den Nymphen, den anderen Wundergeschöpfen. Diese gaben ihm Flügelschuhe, einen Zaubersack und einen Helm als Tarnkappe. Von Hermes erhielt er ein Sichelschwert und von Pallas Athene einen Schild, der innen glänzte wie ein Spiegel. Nun machte er sich zu Medusa und ihren Schwestern, den drei Gorgonen auf. Als er die Ungeheuer fand, schliefen sie. Ihre Häupter waren mit Drachenschuppen übersät und mit Schlangen statt Haaren bedeckt. Sie hatten große Hauzähne wie Schweine, stahlharte Hände und goldene Flügel. Nur eine von ihnen war sterblich, das war Medusa. Sie besaß eine tödliche Eigenschaft: Der Blick in ihre Augen ließ jeden zu Stein erstarren. Das wusste Perseus. Deshalb sah er sie nicht an, sondern stellte sich mit seinem Schild so vor die Schlafenden, dass er ihr Bild nur im Spiegel sah. Unter den drei Gorgonen fand er Medusa heraus und schlug ihr im Schlafe das Haupt ab. Aus dem Hals der Medusa entsprangen Pegasus, ein geflügeltes Pferd, und ein Riese. Perseus steckte das Haupt in seine Tasche und machte sich davon. Die beiden Schwestern der Medusa verfolgten Perseus. Aber er war durch die Tarnkappe unsichtbar. Als er beim König angekommen war, holte er das Haupt der Medusa aus dem Sack und streckte es ihm entgegen. Der König wurde augenblicklich zu Stein und in einen Berg verwandelt.

„Du hast dir mit Absicht den Grottenhof ausgesucht, damit du uns mit dieser schrecklichen Mordgeschichte Angst einjagen kannst", beschuldigte Emma den Teufel.

„Hast du die Medusa angeguckt?", fragte sie dann.

„Warum?"

„Weil du nicht versteinert bist – oder?"

„Tsss ...! Da antworte ich nicht drauf. Übrigens steht im Grottenhof nur eine Kopie des Brunnens. Das Original ist im Gewölbe an der Residenzstraße ausgestellt. Und jetzt bin ich fertig mit meinem Bericht."

„Ich berichte jetzt vom Antiquarium", sagte Mercur, als der Teufel geendet hatte.

„Bist du nicht nass geworden, wenn du da drin warst?"

„Nein, meine liebe Emma. Du musst zuhören. Ich habe nämlich nicht *Aquarium* gesagt, sondern *Antiquarium*. Das Wort leitet sich von ,*antik*' ab, das bedeutet alt. Am besten hörst du zu, was ich berichte."

„Dieser eingebildete Besserwisser, dieser überhebliche, aufgeblasene Wichtigtuer, dem steigt wohl seine römische Herkunft aus dem Götterhimmel völlig zu Kopf, diesem hochmütigen Reisegott mit seinem Aqua...Aquari...Anti...Antiqu... Oder wie es auch immer heißt", dachte Emma, während Mercur schon erzählte.

Herzog Albrecht V. war ein leidenschaftlicher Kunstsammler.

Das Antiquarium

„Ich war begeistert, als ich diesen Saal nach italienischem Vorbild sah. Wir haben ihn Herzog Albrecht V. zu verdanken, von dem wir ja schon gehört haben. Er war ein leidenschaftlicher Kunstsammler und liebte das wunderbare Italien mit der römischen Vergangenheit und den Überresten aus jener Zeit. Als er von 1550 bis 1579 regierte, holte er italienische Architekten, Maler und Musiker an seinen Hof. Er sammelte auch antike Kunst und wollte sie für die Mitglieder des Hofes und andere Besucher präsentieren. Deshalb baute er das Antiquarium, in dem er seine Sammlung ausstellte. Es ist der älteste erhaltene Raum der Münchner Residenz und der größte

und prächtigste Renaissancesaal, der nördlich der Alpen jemals gebaut wurde.

Der Saal ist sechsundsechzig Meter lang, zwölf Meter breit und am höchsten Punkt der Tonnendecke acht Meter hoch."

„Schon wieder eine Tortendecke", dachte Emma.

„In dieser Kunst- und Wunderkammer sind die Büsten bedeutender Männer der Antike in langen Reihen an den Wänden in halbrunden Nischen zur Schau gestellt. Wie in einem Museum! Natürlich auch die Büste des allseits bekannten und wegen seiner Taten berühmten Julius Cäsar. Ich hatte Mühe, ihn unter den zweihundertdreißig Marmorköpfen, einhundertvier Statuen und einundsiebzig Reliefs zu finden, aber dann stand er gleich zu Beginn der Büstenreihe. Über dem Antiquarium im ersten Stock richtete Albrecht die Hofbibliothek ein. Sie wurde zur Grundlage der heutigen Staatsbibliothek. Ich darf nicht verschweigen, dass Albrecht V. ungeheure Schulden aufgehäuft hat, um seine Vorstellungen und Pläne zu verwirklichen. Er war ständig in Geldnot und konnte keine Rechnung mehr bezahlen. Aber das kam bei den Herrschenden in der Residenz öfter vor, als man glaubt!"

„Albrecht V. hat mit seiner Gemahlin Anna auch die Schatzkammer gegründet", fiel Emma Mercur ins Wort.

„Kein Wunder, dass der pleite war", fuhr der Teufel dazwischen.

„Ich erzähle jetzt von der Schatzkammer. Aber nicht unterbrechen!", begann Emma.

Die Schatzkammer

„Albrecht V. beschäftigte sich lieber mit Kunst, Musik und Büchern als mit der Politik. Er baute mit dem Antiquarium und der Schatzkammer die ersten Museen nördlich der Alpen. Damit hat er München als Kunststadt berühmt gemacht. Er hat gekauft wie ein besessener sammelwütiger Liebhaber. Nichts war ihm zu teuer. Er kaufte komplette Sammlungen für viele Millionen. Zum Beispiel einmal auf einen Schlag einhundertzwanzig Kunstwerke aus Bronze*, zweitausendvierhundertachtzig Medaillen und Münzen, einundneunzig Marmorköpfe, dreiundvierzig Marmorstatuen und noch etliche Kleinigkeiten. Alles wurde in große Kästen gepackt und nachts von Venedig nach München verfrachtet. Alles streng geheim und bewacht! Aber das war nur ein kleiner Teil seiner Schätze. Er wollte alles: wertvolle Bücher, die besten Gemälde, die kostbarsten Goldschmiedearbeiten, den größten ausgestopften Elefanten und so weiter und so weiter. Er lebte in größter Pracht. Alles war prunkvoll. Nicht nur seine Residenz und seine Kleidung. Auch seine Diener trugen prächtige Uniformen. Seinen sieben Kindern gönnte er ein herrliches Leben und erfüllte ihnen jeden Wunsch. Und so häufte Albrecht V. einen Schuldenberg von mehreren Millionen an."

„Du wolltest doch von der Schatzkammer erzählen", unterbrach der Teufel Emma.

„Du solltest doch nicht unterbrechen", antwortete sie patzig. „Herzog Albrecht V. und seine Frau Anna haben in einer Urkunde 1565 festgelegt, dass alle Schätze der bayerischen Herrscher in München bleiben müssen. Stellt euch vor, wie

Das kleine kostbare Reiterstandbild des hl. Georg wurde 1597 von einem Goldschmied angefertigt.

sich die Schatztruhen der Wittelsbacher von Generation zu Generation mehr mit Gold, Silber, Edelsteinen und anderen Kostbarkeiten gefüllt haben. In der Schatzkammer sind in zehn Räumen eintausenddreihundert Schätze ausgestellt. Die Sammlung ist eine der wertvollsten der Welt. Berühmt sind das Gebetbuch Kaiser Karls des Kahlen, das älter als tausend Jahre ist, oder die Kronen der ungarischen Königin Gisela von Bayern, oder die Heinrichskrone, oder die

König Maximilian I. Joseph von Bayern

Als Max IV. Joseph ab 1799 Kurfürst seines Landes war, wehte der Geist der Französischen Revolution mit der Parole „Freiheit, Gleichheit, Brüderlichkeit" auch durch Bayern. Diese Idee gefiel Max IV. und er regierte danach. Er garantierte den Bürgern Grundfreiheiten und schrieb sie in einer Verfassung nieder. Darin stand, dass alle vor dem Gesetz gleich sind, dass jeder seine Religion frei ausüben darf und dass jeder das Recht hat, seine Meinung zu sagen. Weil Max IV. sich mit Kaiser Napoleon verbündet hatte, setzte sich der Kaiser dafür ein, dass Bayern ein Königreich und Max IV. Joseph selbst König von Bayern wurde. Am Neujahrstag 1806 ritt ein Herold* durch München und verkündete dem Volk das Königreich Bayern. Schnell wurden sechs Teile als Zeichen der Macht für den neuen König in Paris bestellt: Krone, Zepter, Schwert, Reichsapfel, Siegelkasten und eine Krone für die Königin. Das siebte Stück für die Krönung war der Krönungsmantel. Aber König Max I., wie er sich ab jetzt nannte, trug niemals die Krone auf dem Haupt. Auch die anderen Teile hielt er nie in der Hand und den Krönungsmantel legte er nie um. Es waren unruhige Zeiten und Max I. musste sich mehr mit Kriegen beschäftigen als mit seiner Krönung. König Max I. war sehr beliebt bei seinem Volk. Er war freundlich und gemütlich und wie ein gütiger Vater. „Ich kann nicht den ganzen Tag König sein. Ich bin froh, wenn ich es mal vergessen kann", soll er gesagt haben. Er wurde in der Gruft unter der Theatinerkirche beerdigt. Sein Herz jedoch wird in der Gnadenkapelle von Altötting in einer Urne aufbewahrt. Sie trägt die Inschrift: „Das beste Herz".

Krone einer englischen Königin, die älter als siebenhundert Jahre ist. Besonders schön ist auch die kleine Statue des heiligen Georg aus Gold mit Diamanten, Rubinen, Smaragden und vielen anderen Edelsteinen. Ich kann das gar nicht alles aufzählen, was ich an Kostbarkeiten gesehen habe.

Aber dann, dann stand ich vor der bayerischen Königskrone aus Gold und Silber, mit Diamanten, Rubinen und Smaragden besetzt. Sie liegt auf einem viereckigen Kissen, das mit Gold- und Silberfäden bestickt ist. An den Ecken halten goldene Löwen goldene Fäden im Maul, an denen goldene Troddeln baumeln. Vor dem Kissen liegt der Reichsapfel*, rechts daneben das Zepter und der Siegelkasten, links daneben das Schwert und die Hülle und dahinter die Krone der Königin. Das war das tollste Ausstellungsstück in der Schatzkammer!", rief Emma begeistert.

„Kann i jetzt was sagn?", fragte das Kindl.

„Ich möchte Emma noch was fragen", bat der Teufel. „Wie viel sind diese Sachen wert, diese Kronen und das andere Zeug? Eine Million? Oder zwei?"

„Das weiß ich nicht. Diese Sachen werden nie verkauft und deshalb kann man sie auch nicht für Geld kaufen", antwortete Emma.

„Warum denn nicht? Wenn einer viel Geld hat und die Sachen haben will?"

„Nein! Da kannst du alles Geld der Welt haben. Du kannst sie nicht kaufen."

„Aber wie viel sind sie denn wert?"

„Das kannst du in Geld nicht ausdrücken. So etwas hat einen ‚ideellen' Wert. Der ist viel höher als der Wert, den das Gold und die Edelsteine haben. Es ist die Wertschätzung der Menschen, die damit verbunden ist."

„Aber ich könnte doch die Edelsteine einzeln verkaufen."

„Jetzt gib mal Ruhe. Das Kindl ist dran", sagte Emma.

„Immer wenn ich mal was zu fragen habe, bekomme ich keine Antwort von euch. Immer! Bei Emma macht ihr das nie und auch bei Mercur nicht. Ihr habt was gegen mich! Ihr wollt gar nicht, dass ich dabei bin", begann der Teufel zu zetern, aber niemand ging auf ihn ein. Deshalb wandte er sich beleidigt ab.

„Hört's zu. Aber net dazwischen quasseln!", sagte das Kindl, bevor es mit seinem Bericht begann.

Das Cuvilliés-Theater

„Des ist so süß, des ist so putzig, des ist so nett, des ist so zum Verlieben, des Cuvilliés-Theater. Des is im bayerischen Rokokostil gebaut! Einmalig! I kannt immer da nei'geh'n und nei'sitzen, in des Theater vom berühmten Baumeister François Cuvilliés, das spricht man übrigens Kü-wi-je aus", begann das Kindl.

Der Teufel guckte das Kindl entgeistert an und bekam einen Lachanfall. Er ließ sich ins Gras plumpsen und äffte das Kindl nach: „So süß, so putzig, das bayerische Rockpopo-Theater. So zum Verlieben, das Rockpopo-Theater. Ich könnte da immer sitzen im Rockpopo-Theater!" Und dann kringelte er sich vor Lachen über die Wiese. Dann setzte er sich ins Gras und kratze sich am Bauch, bohrte in den Ohren und in den Zähnen und piddelte den Dreck aus seiner Schwanzquaste. Dann zog ein fauliger Geruch an ihren Nasen vorüber, der nur von einem stinkigen Teufelspups kommen konnte. Der Teufel konnte nämlich immer pupsen. Und meistens tat er es, wenn er sich Aufmerksamkeit verschaffen wollte. Aber das Kindl ließ sich nicht aus der Ruhe bringen.

„Ich sitze am liebsten in einer Loge auf dem ersten Rang. Von diesem kleinen Balkon heroben hat man die beste Aussicht auf die Bühne und kann genau verfolgen, was passiert. Heutzutage ist es möglich da zu sitzen. Früher nicht. Früher durften nur die hohen Adeligen in den feinen roten Logen hier sitzen. Der niedere Adel saß ein Stockwerk höher im zweiten Rang. Da war alles a bisserl einfacher ausgestattet. Die Hofbeamten saßen im dritten Rang darüber, da war's noch einfacher ausgestattet. Es gibt zusammen achtundzwanzig Logen. In jeder stehen

Der Blick von der Bühne des Cuvilliés-Theaters, das nach seinem Erbauer benannt worden ist.

— 105 —

fünf Stühle. In der Mitten war die große Loge für den Kurfürsten. Die ist an einem Hut zu erkennen, damit man weiß, wer da sitzen darf. Der Hut ist ein Kurhut. Na, ihr wisst's schon, was des ist."

„Was ist das denn?", unterbrach Emma.

„Du sollst mich nicht unterbrechen. Das ist gegen die Abmachung", aber dann erklärte das Kindl doch, was ein Kurhut ist.

„Die bayerischen Herzöge waren auch Kurfürsten. Die durften mit den anderen Kurfürsten des Reiches den König wählen. Das Zeichen für sie war der besondere Hut, eben der Kurhut. *Kur* kommt von küren oder krönen. Die Bürger der Stadt mit ihren Damen, saßen in der Parterre-Loge und im Saal. Von hier aus konnte man das Geschehen auf der Bühne nicht so gut sehen. Dieses neue ‚Opera Hauß' hat Kurfürst Karl-Theodor 1795 eingeweiht. Im Zweiten Weltkrieg wurde das Theater durch Bomben vollkommen zerstört. Es war ein Glück, dass man alle Teile aus Holz in Sicherheit gebracht hatte. Alle Verzierungen, die Figuren, die Ranken und Pflanzen, die Ornamente* und den Kurhut. Als das Theater wieder aufgebaut wurde, haben sie alles wie-

Die Allerheiligen-Hofkirche in der Residenz

der eingebaut. Das Cuvilliés-Theater ist ein Kunstwerk, bei dem drei Künste zusammenspielen: Das Bauwerk, die Musik und das Theaterspiel. Des nennt man ein Gesamtkunstwerk. I fühl mi da herin wie im Himmel. Habt's noch Fragen?"

Emma hatte keine Frage. Mercur auch nicht und der Teufel hatte gar nicht mehr zugehört. Plötzlich fiel Emma doch noch etwas ein. „Kannst du uns was über die Kirche erzählen?"

„Meinst die Allerheiligen-Hofkirche in der Residenz?"

„Ja, die meine ich."

Die Allerheiligen-Hofkirche

„Ja, die Kirchn. Die hat's arg mitgenommen im Krieg, als die Bomben drauf gefallen sind. Das Dach und das ganze Gewölbe waren eingebrochen und man wollte die restlichen Wände abreißen. Aber dann hat man eine andere Lösung gefunden. Jetzt ist die alte Kirche ein moderner Konzert- und Veranstaltungsraum und ein Denkmal der Kriegszerstörung. Dabei war sie so schön zu der Zeit von König Ludwig I., der so eine Kirche haben wollte, weil er so eine in Italien auf der Insel Sizilien kennen gelernt hatte. Sie war im byzantinischen Stil gebaut. So etwas kannte man in München noch nicht. Der Architekt Leo von Klenze musste zuerst nach Venedig reisen, um diesen Baustil am berühmten Markusdom zu studieren. Dann kannte er sich mit dem byzantinischen Stil aus und konnte die Kirche von 1826 bis 1837 bauen. Auch für die Gemälde auf dem Goldgrund im Innern und den Fußboden aus farbigem Marmor war der Markusdom das Vorbild. König Ludwig I. konnte von der Residenz aus direkt in seine Hofkirche gehen, während die Bürger von außen hineingehen mussten.

„Bist du jetzt mit der Preschedenz-Doofkirche fertig? Eh ... eh ... ich meine natürlich die Residenz-Hofkirche. Ich denke, wir haben noch viel zu tun, wenn wir hier alles aus der Neuzeit sehen wollen", meckerte der Teufel das Kindl an.

„Na! Jetzt sag i nix mehr von der Hofkirche. Die Neuzeit ist wirklich viel Arbeit. Des muss i a sagn. Also pack mas. Geh'n ma durchs Hofgartentor auf'n Odeonsplatz."

Sie waren schon fast am Ausgang des Hofgartens, als dem Kindl doch noch etwas einfiel.

„Wollt ihr durch die Arkadengänge* mit den Bögen gehn? Da sind Geschichten auf die Wände gemalt. Alles, was mit dem Herrscherhaus der Wittelsbacher zu tun hat. Wollt's die sehn?"

„Ich will nur ein Wandbild sehen. Das, wo Ludwig der Bayer 1328 zum Kaiser gekrönt wird. Das muss auch dabei sein", sagte der Teufel.

„Des is des sechste Bild." Sie bogen vor dem Hofgartentor nach rechts ab und kamen am ersten Bild vorbei.

„Da ham's auf die feuchte Wand in den Putz g'malt, wie der Otto der Große das deutsche Heer befreit. Das war 1155", sagte das Kindl und schritt weiter zum zweiten Bogen voran. „Hier kriegt der Pfalzgraf Otto von Wittelsbach des Herzogtum Bayern vom Kaiser Friedrich dem Großen übertragen. Das war 1180." Und wieder schritt das Kindl voran zum dritten Bild.

Die Kaiserkrönung Ludwig des Bayern zu Rom im Jahre 1328. Die Wandbilder in den Hofgartenarkaden zur Geschichte Bayerns entstanden 1829.

„Hier wird auf der Burg in Straubing geheiratet. Otto der Erlauchte steckt seiner Agnes grad' den Ring an den Finger. Das war 1225. Hier beim vierten Bild stürzt grade die Brücke über die Inn bei Mühldorf ein. Das war 1258. Jetzt kommt als fünftes Wandbild eine Schlacht, von der ihr schon gehört habt. Die Schlacht bei Ampfing 1322, in der Ludwig der Bayer den Friedrich den Schönen besiegt hat. Und jetzt kommt das sechste Bild, wo der Bischof dem Ludwig die Kaiserkrone aufsetzt. Und der zweite Bischof hat die Krone für Margaretha in den Händen. Das war Ludwigs Gemahlin. Und hinterm Ludwig liegt auf dem Ritterhelm seine Königskrone. Und jetzt könnt ihr den Unterschied zwischen Königskrone und Kaiserkrone sehn."

Alle traten nun näher an das Wandbild heran und sahen, dass die Kaiserkrone oben mit einem Bügel versehen war. Jeder studierte noch die Einzelheiten, aber dann eilte das Kindl wieder in Richtung Hofgartentor zum Odeonsplatz.

Odeonsplatz, Theatinerkirche, Feldherrenhalle und die Maxvorstadt

Löwen streicheln auf dem Odeonsplatz

„Woll'n mir zuerst die Löwen streicheln, bevor wir zur Feldherrnhalle und in die Theatinerkirche gehn? Das soll Glück bringen", schlug das Kindl vor. Emma war einverstanden, der Teufel fand den Vorschlag blöd und Mercur war es egal, denn er glaubte nicht an glückbringendes Löwen streicheln. Aber dann gingen sie doch an der Westseite der Residenz entlang bis zum ersten Löwen.

„Löwen sind die Wappentiere des Herrscherhauses Wittelsbach. Stimmt's?", fragte Emma.

„Die haben sich sogar a ganzes Löwenrudel im Alten Hof gehalten. Drei Löwen waren neben dem Tor zum Hof eingesperrt und die anderen beiden im Hof. Des war a Gaudi für die Münchner, die Löwen zu schauen und zu streicheln. Die sollen ganz zahm gewesen sein."

Das Streicheln der Löwenschnauze soll Glück bringen. Woran man fest glaubt, wird wahr, so sagt man. Also streicheln, streicheln, streicheln und an das Glück glauben!

„Find' ich nicht lustig. Die armen Tiere!", sagte Emma. Sie steckte dann aber doch die Hand in die Schnauze und wünschte sich etwas – aber was, das hat sie keinem verraten. Natürlich fummelte auch der Teufel am Löwenmaul herum und Mercur packte auch an die blanke Stelle am Maul.

„Jetzt lasst mal den Löwen und schaut auf den Odeonsplatz. Unter dem Platz ist ein wichtiger U-Bahnhof, ein Kreuzungsbahnhof von vier U-Bahn Linien. Da herunten ist auch eine lange Rolltreppe, fast dreiundfünfzig Meter lang. Hier heroben ist viel Platz. Früher ist des Militär hier aufmarschiert. Es war auch der Ort für Trauerumzüge und heutzutag für den Umzug der Trachten- und Schützenvereine, wenn's Oktoberfest beginnt", erklärte das Kindl.

„Kommt mal hierher", rief der Teufel den anderen zu. Er war schon zur Feldherrnhalle vorgerannt und hatte sich auf einen der beiden Löwen gesetzt, die an der Treppe wachten.

„Weißt was, Deifi?", sagte das Kindl zu ihm, „bleib auf'm Löwen sitzen und warte auf uns. Geh nicht weg vom Odeonsplatz. Wir gehn derweil in die Theatinerkirche. Und dahin willst du bestimmt nicht

Die Feldherrnhalle

König Ludwig I. ließ die Feldherrnhalle als Ehrenhalle für die bayerische Armee bauen. Auch der Name ist militärisch, denn ein Feldherr erteilt die obersten Befehle im Krieg. Ludwig stellte sich vor, dass diese Halle der Übergang von der historischen Altstadt zu den neuen Stadtvierteln Schönfeld und Maxvorstadt im Norden sein sollte. Die Ludwigstraße sollte das Siegestor, das etwa einen Kilometer entfernt errichtet wurde, mit der Feldherrnhalle verbinden. Das Vorbild für die Halle mit drei Bögen war eine Halle in Florenz. Zwei bayerische Löwen bewachen die Treppe, die in der Mitte hinaufführt. 1844 enthüllte man hier zwei Denkmäler aus Bronze: Auf der Seite zur Residenz hin das Denkmal für den Feldherrn Tilly, der im Dreißigjährigen Krieg (1618 bis 1648) auf der Seite der Katholiken gekämpft hat. Auf der Seite zur Theatinerkirche hin das Denkmal für den Fürsten Carl Philipp von Wrede. Er war bayerischer Generalfeldmarschall und Diplomat. Für beide Denkmäler hat man Bronze benutzt, die von eingeschmolzenen Kanonen stammte.

Die Feldherrnhalle am Odeonsplatz in der Maxvorstadt ist das Gegenstück zum Siegestor, das etwa einen Kilometer entfernt ist.

mitgehn." Der Teufel war überrumpelt und sagte nichts. Aber alle zweifelten daran, dass er auf dem Löwen so lange sitzen blieb, bis sie aus der Theatinerkirche zurück waren.

Es waren nur ein paar Schritte von der Feldherrnhalle zur Theatinerkirche. Als sie im Kirchenraum standen, waren sie wie geblendet von diesem hellen, weißen, ausladenden Raum. Sie schauten zu den Gemälden hoch oben an der Decke, den Marmorsäulen, den Altären und den Heiligenfiguren. Die weiße Pracht machte sie still und andächtig.

„Hier wird man fromm. Hier werden einem die Sinne benebelt. Hier glaubt man so an Gott, wie es die katholische Kirche seit Jahrhunderten predigt", flüsterte Emma dem Kindl zu. Sie setzten sich in eine Bank.

„Wisst's", begann das Kindl „als die Theatinerkirche gebaut wurde, regierte der Kurfürst Ferdinand Maria. Sie haben ihn ‚der Friedfertige' genannt. Seine Gemahlin Henriette Adelaide und er wünschten sich von ganzem Herzen einen Buben als Thronfolger. Deshalb haben sie gebetet und versprochen: Wenn Gott uns einen Sohn schenkt, errichten wir für den Orden der Theatiner und den heiligen Kajetan die schönste und wertvollste Kirche. Ihr Gebet wurde erhört und 1662

*links: Die Theatiner-
kirche ist dem heili-
gen Kajetan geweiht.
Sie war die Hofkir-
che der Wittelsba-
cher Fürsten und zu-
gleich auch die
Kirche des großen
Theatinerklosters.*

*rechts: Wie ein Him-
melsgewölbe breitet
sich die Kuppel der
Theatinerkirche aus.
An der höchsten
Stelle der Kuppel ist
Gottvater als Schöp-
fer von Himmel und
Erde dargestellt.*

kam der Thronfolger Max Emanuel zur Welt. Nun lösten sie ihr Versprechen ein. Adelaide war Italienerin und sie versammelte auch am
Hof viele Künstler und Musiker aus ihrer Heimat und auch der Baumeister der neuen Kirche kam aus Italien. Er baute sie nach dem Vorbild der Theatinerkirche in Rom im Stil des Barock, der damals mo-
dern war.

Sie haben lange an der Theatinerkirch' gebaut. Erst 1768 wurde die
große Fassade im Stil des Rokoko* durch den Architekten Cuvilliés
vollendet."

„War das der Cuvilliés, der auch das Theater in der Residenz gebaut hat?", fragte Emma nach.

„Des hast gut behalten", lobte das Kindl. Unter der Kirche ist auch
die Fürstengruft in die als erste Henriette Adelaide 1676 hineinkam.
Drei Jahr später starb auch Ferdinand Maria und wurde dort zur letzten Ruh gebettet. Auch der König Max Joseph, den die Münchner so
geliebt haben, liegt hier herunten und noch andere aus der Familie
der Wittelsbacher.

Sie saßen noch eine Weile stumm und andächtig in der Bank. Dann schubste das Kindl Emma an.

„Wir müssen nach dem Deifi schaun. Nachher ist er weg!" Als sie durch die Kirchentür traten sahen sie sofort, dass der Teufel nicht mehr auf dem Löwen saß und auf dem großen Odeonsplatz sahen sie ihn auch nicht. Er war weg und sie überlegten, wohin es ihn getrieben haben könnte.

Das Denkmal für Ludwig I.

„Gemma zum Ludwig. Vielleicht hat der Deifi sich das Reiterdenkmal angschaut." Sie gingen in Richtung Ludwigstraße geradewegs auf das imposante Reiterdenkmal zu, das zwischen den beiden großen Stadtpalästen stand. Aber auch dort sahen sie ihn nicht.

„Wer sitzt da oben auf dem hohen Ross?", fragte Mercur.

„Kannst lesen?" erwiderte das Kindl und zeigte auf die Stirnseite des Sockels. Dort war eine Inschrift in Buchstaben aus Bronze angebracht: „Ludwig I., Koenig von Bayern."

Am Geburtstag von Ludwig I., am 25. August 1862, wurde das Reiterdenkmal der Stadt München übergeben.

„Das is der, der die monumentale Bavaria für die Wiesn haben wollte. Und als sie fertig auf der Wiesn stand, war er kein König mehr. So war es auch mit dem Reiterstandbild, als des am 25. August 1862, am Geburtstag vom König, von den Münchnern aufgestellt wurde. Aber er ist nicht zur feierlichen Einweihung gekommen. Dabei war alles für ihn mit Fahnen und Stoffen und Blumen g'schmückt. Der Odeonsplatz war schwarz von Menschen. Alle wollten dabei sein, wenn das Militär aufmarschiert und die Reiter auf dem Ross Parade stehn. Schaut's, oben begleiten zwei Pagen den König. Sie stehn für die königlichen Tugenden Gerechtigkeit und Beharrlichkeit. Jetzt könnt ihr nach unten sehn, auf die Figuren auf dem Sockel. Sie stehn für Religion, Kunst, Poesie und Industrie. Schaut die mit der Kapuz'n an."

Das Siegestor in München wurde von Ludwig I. 1840 in Auftrag gegeben und 1852 vollendet.

„Die steht für die Religion", stellte Emma fest.

„Ja. Die tragt a Mönchskutte, genau wie i."

„Was ist Poesie?"

„Des is a bisserl a altmodisches Wort. Heute würde man Dichtkunst oder Literatur dazu sagen."

„Der Teufel muss hier sein. Ich rieche ihn", sagte Emma und dann kam er schon von der Rückseite des Denkmals auf sie zu.

„Tsss ... tsss ... Da seid ihr ja endlich. Ich warte mal wieder tausend Stunden", sagte er vorwurfsvoll.

„Du solltest ja auch auf dem Löwen vor der Feldherrnhalle oder am Odeonsplatz auf uns warten", entgegnete Mercur spitz.

„Du neunmalkluges Göttergewächs. Hier ist auch der Odeonsplatz. Der riesige Stadtpalast, zwischen denen das Denkmal steht, ist das Palais Leuchtenberg. Und der hat die Hausnummer 4. Odeonsplatz Nummer 4, du Schlaumeier!"

„Das war der größte Stadtpalast von Minga, mit zweihundertfünfzig Räumen. Er war der erste Bau an der Ludwigstraße. Weit und breit stand kein anderes Haus hier, kein Palais, keine Straße. So prachtvoll wie des Leuchtenbergpalais im Stil der Renaissance sollten alle Bauten an der Ludwigstraße werden. Das hat sich der Ludwig für seine etwa einen Kilometer lange königliche Prachtstraße, von der Feldherrnhalle bis zum Siegestor, so vorgestellt."

„Das Siegestor erinnert mich an den Konstantinbogen in Rom", fiel Mercur dazu ein.

„Genau den hat der Ludwig in Rom geseh'n und da kam ihm die Idee, so einen Bogen als Siegestor in Minga aufzustellen."

„Und wer steht oben auf dem Siegestor?", wollte Emma wissen.

„Das is die Bavaria. Die habt ihr schon kennen gelernt. Sie lenkt den Streitwagen, der von vier Löwen gezogen wird. Wisst's was drauf steht, auf'm Siegestor? Es war schwer von Bomben getroffen und als es wieder aufgebaut war, haben sie drauf geschrieben: *Dem Sieg geweiht, vom Krieg zerstört, zum Frieden mahnend.* Des Tor sollte zuerst an die Kriege von 1813 bis 1815 erinnern, in denen sich Europa gegen die Herrschaft Napoleons auflehnte. Dann ist's im Zweiten Weltkrieg zerstört worden. Und heutzutage soll es nichts mehr mit dem Krieg zu tun haben. Es soll ein Denkmal für den Frieden sein. Aber jetzt gemma zurück zur Brienner Straße, zum Karolinenplatz und zum Königsplatz."

Auf der Brienner Straße zum Karolinenplatz und zum Königsplatz

Der Teufel war rubbeldiekatz verschwunden und Mercur hatte sich in die Luft erhoben. Emma und das Kindl gingen die Brienner Straße entlang. Das war der uralte Fürstenweg von der Residenz zum Schloss Nymphenburg. Sie kamen am Wittelsbacher Platz und am berühmten Café Luitpold vorüber und waren bald am Karolinenplatz. Karoline, nach der der Platz benannt ist, war die zweite Gemahlin von König Max I. Joseph. Wie Strahlen einer Sonne gingen die Straßen vom Platz ab. In der Mitte hatte Ludwig I. 1833 einen neunundzwanzig Meter hohen Obelisken aufstellen lassen. Er soll an die dreißigtausend toten bayerischen Soldaten erinnern, die mit Napoleon auf der Seite Frankreichs in Russland gekämpft haben. Der Obelisk ist gemauert und außen mit Bronzeplatten verkleidet, die aus erbeuteten französischen, russischen

Mitten auf dem Karolinenplatz hat Ludwig I. König von Bayern einen Obelisken aufstellen lassen. Er ist das Ehrenmal für 30 000 Soldaten, die mit Napoleon in Russland gekämpft haben und den Tod fanden.

links: In der Münchner Glyptothek sind Werke der antiken griechischen und römischen Bildhauer ausgestellt.

rechts: In der Antikensammlung sind Kunstwerke der Griechen, Römer und anderer antiker Völker ausgestellt.

und österreichischen Kanonen gemacht wurden. Ein paar alte bayerische Kanonen waren auch dabei.

Emma schubste das Kindl an. „Guck mal in den Himmel." Das Kindl reckte den Kopf.

„Da is a scheene weiße Wolkn am blauen Himmel."

„Du sollst oben auf den Obelisken gucken."

„Ah! Der Mercur steht da heroben! Der sieht gut aus. Der könnte da stehen bleiben. Des tät scho passen." Aber im nächsten Moment schwebte Mercur zu ihnen hinunter.

„Und der Deifi, wo is der?"

„Ich bin rubbeldiekatz wieder da", antwortete er.

„Mich interessiert jetzt besonders der Königsplatz Nr. 1, Nr. 2 und Nr. 3", sagte Mercur, als er beim Kindl und Emma gelandet war.

„Tsss ... tsss ... Was sollen wir da? Was soll da sein?"

„Am Königsplatz 1 ist die Antikensammlung, beim Königsplatz 2 sind die Propyläen und am Königsplatz 3 ist die Glyptothek", antwortete Mercur.

Auf dem Königsplatz in der Maxvorstadt hat Ludwig I. seine Vorstellung von Isar-Athen mit drei Bauwerken verwirklicht. Im Norden die Glyptothek, im Süden die Antikensammlung und im Westen die Propyläen.

„Propil-dings und Lüpto-was?", fragte der Teufel nach.

„Die *Propyläen* sind ein Torbau. Das Vorbild ist der Torbau zum Tempelbezirk auf dem Burgberg in Athen. Und *Glypton* ist das griechische Wort für eine Plastik. In der Glyptothek sind also Plastiken ausgestellt.

Das mächtige Bauwerk der Propyläen ist das Tor zum Königsplatz.

„Muss man das alles wissen und auch richtig aussprechen können?", fragte Emma nach.

„Nein, muss man nicht. Aber es schadet auch nicht", sagte Mercur in seiner herablassenden Art. Als sie auf dem Königsplatz angekommen waren, setzten sie sich auf die Wiese und guckten auf die Glyptothek, auf die Propyläen und das Gebäude der Antikensammlung.

„Der Platz ist wie ein Marktplatz oder Versammlungsort angelegt. Wir sagen Forum dazu", erklärte Mercur.

„Der Bauherr König Ludwig I. wollte das so. Er war begeistert von der griechischen und römischen Kultur. Er wollte aus München ein *Isar-Athen* machen. Er sagte: ‚Ich will aus München eine Stadt machen, die Teutschland so zur Ehre gereichen soll, dass keiner Teutschland kennt, wenn er nicht München gesehen hat. Ich werde nicht ruhen, bis München aussieht wie Athen',“ sagte das Kindl.

„Aber das heißt doch *Deutschland* und nicht *Teutschland*", sagte Emma.

Der unerkannte König Ludwig I.

Der Schriftsteller Gottfried Keller schrieb vor mehr als 150 Jahren einen Roman mit dem Titel „Der grüne Heinrich". Heinrich ist ein junger Maler, der sich nach München aufmacht, um Künstler zu werden. Die große Stadt begeistert ihn und oft streift er in den Straßen umher. Eines Tages landet er etwas außerhalb der Altstadt in einem verlassenen Neubaugebiet. Da kommt eine einsame, sonderbare, männliche Gestalt mit langen Schritten auf ihn zu. Als er den Mann ansieht, schlägt dieser ihm plötzlich die Mütze vom Kopf. Sie fällt zu Boden und der Mann herrscht ihn an: „Warum gaffen sie mich an und grüßen nicht? Was ist das für eine Ungezogenheit?" Heinrich erwidert: „Ich kenne sie ja gar nicht, Herr." Der antwortet: „So? Wissen Sie, ich bin der König! Artig sein, Respekt haben, junger Mann!" Dann eilt er davon. Der fremde Mann war König Ludwig I., der in seinem Neubaugebiet unterwegs war. Übrigens hatte Heinrich kein Glück in München und kehrte nach vielen Enttäuschungen in seine Heimat zurück.

„Ja, ja. Aber dieser besessene Ludwig hat es eben zu dieser Zeit so gesagt. In seiner Bauwut errichtete er ein Gebäude nach dem anderen. Die Ludwigstraße, das Siegestor, die Pinakotheken* und einen großen Anbau an die Residenz. Immer waren Bauten aus Italien und Griechenland das Vorbild. Hier in den drei Häusern am Königsplatz sind Schätze ausgestellt, wie es sie in der Welt nicht noch einmal gibt."

„Müssen wir in alle drei Häuser gehen?", fragte Emma.

„Ihr müsst gar nichts. Aber ich gehe in die Glyptothek. Da ist das Haupt der Medusa Rondanini ausgestellt", sagte Mercur.

„Da ist auch a berühmter Nackerter ausg'stellt. Das ist ein schöner junger Mann, der halb liegt und halb sitzt. Er schläft und die Beine sind ihm auseinander gefallen. Deshalb ist da untenherum alles zu sehen, wirklich alles, so breitbeinig wie er sich dahin gelagert hat. Und groß ist er, über 1,80 Meter und aus Marmor ist er. Und der Ludwig hat ihn 1810 gekauft", wusste das Kindl.

Der Barberinische Faun wurde 1810 von Rom über die Alpen geschafft. Auf Wunsch König Ludwigs I. wurde die Skulptur in der Glyptothek ausgestellt. Den Namen erhielt sie vom ehemaligen Besitzer Kardinal Barberini.

„Was ist in der Antikensammlung zu sehen?", fragte Emma.

„Vasen aus Griechenland, auf denen Geschichten von Göttern und Helden, von Liebe und Krieg und dem täglichen Leben aufgemalt sind. Kostbarer Goldschmuck, feinstes römisches Glas, Arbeiten aus *Terrakotta*. Übersetzt heißt das gebrannte Erde. Man sagt auch Ton dazu. Und Stücke aus Bronze gibt es auch in der Antikensammlung."

„Dann gehe ich da hin", entschloss sich Emma. Der Teufel wollte nirgendwo hin und das Kindl auch nicht. Sie setzten sich ins Gras und warteten.

Der Teufel war ganz stumm und stierte auf die Glyptothek.

„Tsss ... tsss ... das soll griechischer Baustil sein?", sagte er plötzlich. „Tsss ... tsss ... so kann ich auch mit Bauklötzen bauen. Rechts

Kronprinz Ludwig und seine Sammlung antiker Kunst

Als der Kronprinz Ludwig 18 Jahre alt war und durch Italien reiste, durchstreifte er mit seinem Lehrer Kunstsammlungen, Kirchen und Paläste. So erwachte seine Liebe zur Kunst und er beschloss, Kunstwerke zu sammeln. Vor allem antike Plastiken wollte er kaufen. Dafür brauchte er aber Berater, die sich mit dieser Kunst auskannten. Sie rätselten, was die Königliche Hoheit wohl sammeln wollte. Sollten die Kunstwerke mehr den Kunstsinn oder mehr den Verstand unterhalten – oder beides zugleich, wie sie es in den Museen

taten? Seine Königliche Hoheit Kronprinz Ludwig antwortete mit einem Brief, der so dahin gekritzelt war, dass die Berater ihn kaum entziffern konnten. Darin stand: *Die Kunstwerke sollen den Kunstsinn unterhalten und gering im Preis sein. Ich verschmähe auch merkwürdige Gegenstände nicht. Ich will nur das Vorzüglichste, das ausgezeichnet Schöne.* Die Kunstkäufe des Kronprinzen mussten aber streng geheim gehalten werden, um die Preise nicht in die Höhe zu treiben. Es durfte keine Mitwisser geben, denn zu dieser Zeit waren viele Sammler unterwegs, um antike Kunst zu kaufen. Ein Prunkstück, das Ludwig unbedingt haben wollte, war das berühmte Haupt der Medusa Rondanini. Als die Truppen der französischen Revolution auch Italien unsicher machten, hatte der Besitzer es in Sicherheit gebracht, und tief in der Erde vergraben. Zehn Jahre später war es wieder ausgebuddelt worden und stand zum Verkauf. Der Preis dafür war sehr hoch und Ludwig wollte ihn nicht bezahlen. Also wartete er ab. Das Warten lohnte sich, denn er bekam das berühmte Haupt der Medusa später fast zum halben Preis.

Das Haupt der Medusa

Die Glyptothek

Ludwig wollte seine Schätze auch dem Publikum zeigen. Als er König geworden war, ließ er deshalb die Glyptothek errichten, die 1830 eröffnet wurde. Hier sind einmalige Kunstwerke aus den Zeiten vor Christus und bis zur Spätrömischen Zeit in 13 Sälen ausgestellt.

drei Klötze, links drei Klötze, in der Mitte acht runde dünne Klötze und darüber ein Dreieck. Fertig. Keine Kunst!"

„Hast' die Steinfiguren in den Nischen an den Wänden gesehen? Rechts sind's drei und links sind's aa drei", sagte das Kindl.

„Und an den anderen Seiten? Auch sechs Stück?"

„Des woas i net. Kannst selber zählen." Aber der Teufel blieb sitzen. Er hatte keine Lust dazu.

„Weißt du, wer da in Stein in einer Nische steht? Der Giovanni Bologna! Aber den kannst du nicht erkennen, der hat keine Hände mehr. Früher hat er einen kleinen Merkur in der Hand. Da wusste man sofort, wer es war."

„Meinst du den Künstler, der den Mercurius Volante erfunden hat?"

„Jo, den mein i."

„Weißt du, wer noch dargestellt ist?", fragte der Teufel.

„Sicher weiß ich das. An der Vorderseite sind Daedalus, Prometheus, Perikles, Phididas, Vulkan, ..."

„Hör auf damit. Die kenne ich sowieso nicht, das sind bestimmt alles Griechen. Ich will bald nichts mehr sehen, was dieser Ludwig I. in diesem Isar-Athen-Stil gebaut hat. Das find ich blöd. Wir sind doch hier in München an der Isar und nicht in Griechenland, schon gar nicht in Athen", meckerte der Teufel.

„Aber der war ein Griechenland-Fan. Sein zweiter Sohn war sogar schon mit sechzehn Jahren König von Griechenland. Aber er war auch ein Italien-Fan und baute im Stil von florentinischen Palatti und römischer Plätze", erwiderte das Kindl, das sich in der Aufregung versprochen hatte.

„Tsss ... tsss ... Palatti, Palatti ... Tsss ... tsss ... Das heißt *Palazzi*. Das ist italienisch. Der *Palazzo*, die *Palazzi*." Dann sagte der Teufel nichts mehr.

Plötzlich platzte es aus ihm heraus und er sprang auf: „Wo bleiben die beiden! Ich warte jetzt nicht mehr. Ich warte auf keinen Fall länger auf diesem Königsplatz", schrie er und spuckte auf die schöne grüne Wiese." Dann rannte er auf die Straße. Vor der Glyptothek hatten sich fünf Japaner in einer Reihe aufgestellt und ließen sich fotografieren. Der Teufel scharwenzelte zuerst hinter ihnen herum. Dann stellte er sich blitzschnell neben sie, wartete einen Moment ab, in dem das Foto gemacht wurde, und war dann rubbeldiekatz wieder auf der Bank neben dem Kindl, als wäre nichts passiert. Die Japaner tuschelten und lachten und guckten sich das Bild mit dem Teufel auf der Kamera an. Dann stiegen sie wieder in ihren Bus.

„Jetzt wirst du berühmt", sagte das Kindl und lachte. Von Mercur und Emma war weit und breit noch nichts zu sehen.

Eine Villa für Franz

„Willst du mal eine schöne Villa seh'n? Eine italienische Villa? Eine toskanische Villa? Ich meine, eine im toskanischen Stil erbaute Villa für den Malerfürsten Franz von Lenbach?", fragte das Kindl den Teufel.

„Tsss ... interessiert mich nicht."

„Willst du ein rotes und ein blaues Pferd sehen?"

„Tsss ... gibt es nicht. Es gibt nur weiße, braune und schwarze Pferde."

„Rotes und blaues Pferd" von Franz Marc, der ein Künstler der Gruppe „Der Blaue Reiter" war. Die Werke dieser Künstlergruppe sind weltberühmt.

Der Blaue Reiter

Die Künstler Franz Marc und Wassili Kandinsky gründeten 1911 in München einen Künstlerverein. Sie gaben ihm den Namen „Der Blaue Reiter". Die Künstler des Vereins wollten nicht wie die Malerfürsten Franz von Lenbach und Franz von Stuck malen, sondern eine neue, moderne Kunst schaffen. An den Ausstellungen des Vereins beteiligten sich auch Künstler wie Paul Klee, Gabriele Münter, August Macke und etliche andere. Während der Nazi-Zeit entsprachen die Werke dieser Künstler nicht den

Vorstellungen und Schönheitsidealen der Herrschenden. Sie wurde als „entartet" bezeichnet und zerstört oder verschleppt. Die Künstlerin Gabriele Münter versteckte während dieser Zeit viele Bilder ihrer Kollegen im Keller ihres Hauses und rettete sie über die Nazi-Zeit hinweg. Als sie 1957 ihren 80. Geburtstag feierte, schenkte sie diese Bilder der Stadt München. Seitdem sind sie in der Städtischen Galerie im Lenbachhaus ausgestellt.

Der Münchner Malerfürst Franz von Lenbach ließ sich eine Villa im toskanischen Stil bauen. Einige Räume sind heute noch so erhalten, wie sie zu seiner Zeit ab 1891 gestaltet waren. Das Lenbachhaus ist heute ein städtisches Kunstmuseum, das Werke von Münchner Malern der vergangenen zwei Jahrhunderte zeigt und Werke der Malergruppe „Der Blaue Reiter", die heue weltberühmt sind.

„Gibt's doch. Auf dem Gemälde von Franz Marc."

„Tsss ... auf Gemälden!"

„Sollen wir gehen?", stellte das Kindl seine letzte Frage.

„Tsss ... meinetwegen gucke ich mir auch abartige blaue und rote Pferde an."

Es war nicht weit und sie standen vor der Städtischen Galerie im Lenbachhaus. Aber die Türen des Museums waren zu. „Wegen Generalsanierung geschlossen", lasen sie. Der Teufel wurde wütend und fluchte und trat mit seinem Pferdefuß mit voller Wucht gegen die Tür und riss noch zusätzlich an der Türklinke. Aber sie blieb natürlich zu.

„HimmelHerrgottSakramentNochmal. Ich trete die Tür ein." Dann rammte er noch seine Hörner dagegen.

Sie gingen zurück und setzten sich wieder ins Gras.

„Guck mal, da kommt Emma aus der Sammlung der Altertümer und Mercur aus der Glyptothek. Ob die sich verabredet haben?", wunderte sich der Teufel, der sich mittlerweile etwas beruhigt hatte. Aber es war Zufall. Jetzt saßen sie wieder alle zusammen auf der Wiese.

Die drei Pinas

„Wollt's noch in die Alte Pina und in die beiden Schwestern geh'n?", fragte das Kindl.

„Was? Wohin wollen wir gehen?", fragte Emma.

„In die Alte Pina und in ihre Schwestern!"

„Welche Schwestern?", fragte Emma genervt.

„Na, halt die Neue Pina und die Moderne Pina", antwortete ihr das Kindl.

„So was Blödes. Pina und Schwestern. Das versteht doch keiner."

„Jeder besucht die Pina, die ihm am besten gefällt", versuchte es das Kindl weiter.

„Was ist das denn für ein Durcheinander?", fragte der Teufel missmutig.

„Pina bedeutet *Pinakothek!* Das ist ein griechisches Wort. Man übersetzt es mit ‚Aufbewahrungsort für Bilder'. Oder eleganter gesagt: *Bildersammlung*", ließ sich Mercur herab, das Fremdwort zu erklären.

„Wer hat sich denn diesen bescheuerten Namen ausgedacht? Man hätte doch auch Galerie sagen können. Da weiß jeder Mensch, dass damit ein Ausstellungsraum für Kunstwerke gemeint ist, oder von mir aus auch Museum", meckerte der Teufel weiter.

„Museum kommt auch aus dem Griechischen, vom Heiligtum der Musen, den Schutzgöttinnen der Künste", bemerkte Mercur.

„Den ‚deppaten' Namen hat sich unser Ludwig I. ausgedacht. Er wollte eben einen besonderen Namen für den Aufbewahrungsort seiner Bilder", entgegnete das Kindl.

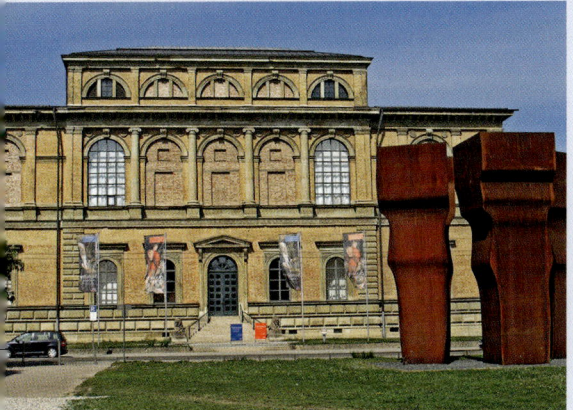

„Wie? Was? Dieser Ludwig schon wieder! Dieser Bauwütige? Ich will bald nichts mehr von dem sehen und hören. Überall Ludwig, Ludwig, Ludwig! Der hat auch diese Pinakotztheke gebaut? Warum?", regte sich der Teufel auf.

Die Alte Pinakothek zählt zu den bedeutendsten Museen der Welt.

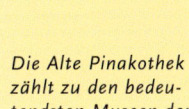

„Die Kunstwerke der Wittelsbacher waren überall verteilt. In jedem Schloss war etwas. Hier wertvolle Gemälde im Festsaal, im Speisesaal und im Empfangssaal und da edle Statuen im Treppenhaus und Gemälde in der Galerie. Aber all das war hinter verschlossenen Türen. Nur die Wittelsbacher, die Hofgesellschaft und die Gäste konnten die Kunst sehen. Ludwig wollte aber, dass alle sie sehen können. Deshalb hat er sich überlegt, das große Museum zu bauen. Es war das größte, fortschrittlichste Museum seiner Zeit. Das war ein richtiges Vorbild. Alles war perfekt – innen und außen. Dann schickte er noch seine Berater aus, die mit viel Sachverstand alles für die Alte Pinakothek besorgten, was sie an wertvollen altdeutschen Gemälden vom 13. bis

Die Neue Pinakothek ist ein Kunstmuseum, das Werke der vergangenen 100 bis 200 Jahre zeigt. Von etwa 6 000 Werken, die das Museum insgesamt besitzt, können rund 400 zur gleichen Zeit ausgestellt werden.

zum 18. Jahrhundert und an italienischen Gemälden aus der Zeit der Renaissance zusammenbringen konnten", erklärte das Kindl.

„Und das ist jetzt alles in dieser Pinakotztheke ausgestellt?", fragte der Teufel nach.

„Du regst mi auf! Kannst Pinakothek nit amoi richtig soagn. Des kann doch net so schwer sein", beschwerte sich das Kindl. Aber der Teufel machte nur Tsss ... tsss ..., drehte sich um und spuckte auf die Wiese.

„Siebenhundert Gemälde sind in der Pinakothek ausgestellt und viele sind im Depot*.

Die Ältesten sind vor siebenhundert Jahren gemalt worden, die Jüngsten vor zweihundert Jahren", beantwortete das Kindl die Frage vom Teufel.

„Also, gemma jetzt amoi? Mir können auch bei der Pinakothek auf der Wiese sitzen." Mercur erhob sich in die Luft, der Teufel war rubbeldiekatz verschwunden und das Kindl machte sich mit Emma auf den Weg.

„Sag mal", begann Emma, als sie sich auf der Wiese bei den Pinakotheken wiedertrafen, „ist das richtig, dass ein König so viel Geld für Bauwerke und Bilder und Statuen und überhaupt für die Kunst ausgibt? Muss ein König nicht auch für andere Sachen Geld ausgeben?"

„Was meinst' damit?", fragte das Kindl nachdenklich.

„Ein König muss doch dafür sorgen, dass es seinem Volk gut geht. Dass die Menschen genug zu essen haben, dass sie gute Wohnungen

haben, dass sie gesund sind, dass sie Arbeit haben, dass sie zufrieden sind und aus den Kindern was wird."

„Hmm. Des is a schwierige Frag'. I woaß net. Vielleicht ja, vielleicht nein. Ludwig hat die Kunstwerke jedenfalls von seinem eigenen Geld bezahlt, von seinem privaten, königlichen Vermögen. Der hat gedacht, dass die Kunst und die Geschichte den Menschen erziehen. Er hat gesagt: ‚Wenn man das Geld im Spiel verliert oder für Pferde ausgibt, meinen die Leute, es wäre recht, es müsse so sein. Wenn man es aber für die Kunst verwendet, sprechen sie von Verschwendung.' Er war über dreißigmal in Italien, immer für die Kunst. Er sprach Englisch, Französisch, Italienisch und Spanisch. Er las Bücher in Griechisch und Latein, aber da müsste man länger drüber reden", antwortete das Kindl auf die schwierige Frage von Emma.

„Und diese andere Pinakotztheke, was ist da zu sehen?", mischte sich der Teufel wieder ein und dachte ja gar nicht daran, das Wort richtig auszusprechen.

„Des is die Neue Pinakothek. Der Ludwig hat auch Kunstwerke g'sammelt, die zu seiner Zeit entstanden waren. Des war die erste Sammlung *moderner* Kunst auf der Welt. So etwa vierhundertfünfzig Gemälde und Skulpturen* waren das. Die hat er dann ab 1853 in der Neuen Pinakothek ausgestellt."

„Ich kann mir schon denken, wie es dann weiterging", sagte der Teufel.

„Ich auch", bestätigte Mercur.

„Ich auch", schloss sich Emma an.

„Und i sowieso. Nämlich mit der Pinakothek der Moderne, der zweiten Schwester", sagte das Kindl. „Aber sie ist erst im Jahre 2002 eröffnet worden. Da war Ludwig schon einhundertvierundfünfzig Jahre als König zurückgetreten und schon einhundertvierunddreißig Jahre tot. Jetzt schaut euch die Alte Pinakothek genau an. Könnt ihr sehen, wo da im Ersten Weltkrieg die Brandbomben niedergegangen sind? Das hat man mit Absicht so gemacht, dass man es noch gut sehen kann. Das ist wie ein Zeichen, wie ein Mahnmal.

In der Mitte war alles zerstört. Das Dach, die Decken, die Wände, des Treppenhaus. Andere Teile waren weniger schlimm getroffen worden. Nach dem Krieg stand die Alte Pinakothek noch sieben Jahre als Ruine in der Stadt und Regen, Schnee und Frost fraßen am Gemäuer und zerstörten es noch mehr. ‚Da ist nichts mehr zu retten, die Ruine können wir nicht mehr aufbauen', sagten die Münchner. Aber dann kam es anders. Es gab Retter und wie durch ein Wunder erstrahlte die Alte Pinakothek wieder im neuen Glanz", erzählte das Kindl.

„Und die Neue Pinakothek? Wurde die auch in Schutt und Asche gebombt?", fragte der Teufel.

„Die war nicht so schwer zerstört wie die Alte. Aber dieses Gebäude hat man nicht gerettet, sondern ein neues Haus gebaut."

„Warum hat man sie nicht gerettet?"

„Warum, warum, warum? Darauf gibt es keine Antwort. Vielleicht wollte man nicht, vielleicht gab es keinen Retter, der sich dafür eingesetzt hat. Vielleicht wollte man viel lieber ein neues Haus bauen. Was weiß ich", sagte das Kindl.

„Und die Gemälde? Sind die verbrannt?", fragte der Teufel weiter.

„Die hat man zum Glück in Schlössern und Klöstern in Sicherheit gebracht, zum Beispiel in Neuschwanstein und Herrenchiemsee."

Als sie sich gerade auf den Weg machten, kam ein kleiner „Zamperl", ein Hündchen, wie ein Blitz ange-

Das Türkentor ist der Rest der großen Kaserne, die einst hier stand. Es wurde wieder hergestellt und 2010 als Ausstellungsraum für Kunst eröffnet. Ihr Name geht zurück auf einen „Türkengraben" genannten Kanal, den vermeintlich türkische Kriegsgefangene Anfang des 18. Jahrhunderts ausgehoben haben sollen.

schossen und schnüffelte am Teufel herum. Dann sprang er an seiner Schwanzquaste hoch und bellte. Immer wieder machte er das, und der Teufel drehte sich wie wild im Kreis herum, um den kleinen Hund abzuschütteln.

„Lass das, du Köter! Hau ab, du Stinker!", forderte er den Zamperl auf, aber der ließ sich nicht abschütteln. „Wo ist dein Herrchen?", schrie er. Dann kam das Herrchen. Aber es war ein Frauchen, eine gemütliche Münchnerin im Dirndlkleid.

„Der tut nichts. Der will nur spielen!", sagte die feine Münchner Dame.

„Nehmen sie ihren Stinker weg!", schrie der Teufel. Bevor er sich nun in rasende Wut hinein steigern konnte, zogen ihn die anderen weg. Sie verließen die Wiese zwischen den Pinakotheken und kamen auf ihrem Weg zurück an einem auf-fallenden Gebäude vorbei. Es war ein großes Haus in einem farbenprächtigen „Gewand". Sei-ne Haut bestand aus tausenden von Stäben aus Keramik. Jeder war etwa einen Meter lang und in einer von dreiundzwanzig verschiedenen Farben, von dunkelviolett bis hellgelb, gefärbt. Das große Haus stand da, wie ein großes, modernes Bild. Dann gingen sie am Türkentor vorüber.

„Was ist das für ein Haus?", wollte Mercur wis-sen. „Es sieht so leicht, so luftig und elegant aus."

„Des ist das Museum Brandhorst. Da herinnen werden moderne Kunstwerke gezeigt, die Udo und Anette Brandhorst gesammelt haben", ant-wortete das Kindl.

„Ist München eine Kunststadt?", fragte Mercur. Alle nickten.

„Und eine Bierstadt", bemerkte das Kindl.

Das Museum Brand-horst ist nach den Sammlern Anette und Udo Brandhorst benannt. Es zeigt Werke der Modernen Kunst und der Kunst der heutigen Zeit.

München im Umbruch

„Kann ein König zurücktreten? Kann er sagen, ich möchte nicht mehr König sein?", fragte Mercur das Kindl.

„Jo mei! Ein König konn das sicher sagen", antwortete das Kindl.

„Und warum tut ein König so was?"

„Das kann viele Gründe haben."

„Und welche Gründe hatte Ludwig I.?"

„Jo mei! Viele!", sagte das Kindl und wurde ernst. „I versuach jetzt amoi, des zu erklär'n. In Deutschland und anderen Ländern wollte das Volk endlich mehr Rechte haben und an den Entscheidungen im Staat und in der Politik beteiligt werden. Es sollten nicht mehr alleine Könige und Fürsten die Macht ausüben. Aber wie sollte man das machen? Wie sollte die Macht verteilt werden? Unser Land war damals noch nicht das Deutschland, wie wir es heute kennen. Es war in viele kleine Länder und Fürstentümer aufgeteilt. Das war ein Problem, weil jeder in seinem Land regieren konnte, wie es ihm passte. Überall waren Grenzen. Da wurde kontrolliert und Zoll verlangt. Das hat viel Zeit und Geld gekostet.

Dann wurde die Dampfmaschine erfunden, die das Leben der Menschen völlig durcheinanderrüttelte. Was glaubst du, wie die Welt sich verändert hat! Alles war anders und nichts blieb so, wie es lange Zeit gewesen war. Bald fuhren Eisenbahnen auf Schienen durch das Land und Dampfschiffe auf Flüssen, Kanälen und Meeren. Maschinen ratterten Tag und Nacht. Die Arbeit ging viel schneller als von Menschenhand und sie war viel billiger. Die Städte platzten aus den Nähten, weil immer mehr Menschen vom Land in die Stadt zogen und ihr Glück suchten. Die Bauern kamen vom Land und suchten Arbeit in den Fabriken, weil die Landwirtschaft sie nicht mehr ernährte.

Die Abbildung zeigt ein Herbergsanwesen in der Au. Die verschachtelten, ärmlichen und kleinen Häuser mit einem eigenen Eingang sind gut zu erkennen. Das Modell ist im Stadtmuseum ausgestellt.

Herbergen für Besitzlose

Die Münchner Bürger wehrten sich zuerst gegen die armen Zuwanderer vom Land, die in der Stadt arbeiten wollten. Sie sagten: „Diese ‚Besitzlosen' nehmen uns die Arbeit weg. Sie drücken den Lohn". Der Stadtrat beschloss, dass fremde Bauern, Arbeiter und Handwerker nicht innerhalb der Stadtmauer wohnen durften. Deshalb ließen sich viele in den kleinen Orten vor München nieder, zum Beispiel in Giesing. Diese alte Siedlung

liegt auf einer Anhöhe und nun entstanden am Hang Herbergen, in denen die ärmeren Familien in zwei kleinen Zimmern wohnen konnten. Das war auch in Au und Haidhausen so. Erst als diese Orte 1854 zu Stadtteilen von München wurden, durften die Menschen frei entscheiden, wo sie wohnen wollten. Allerdings mussten sie eine Gebühr bezahlen, um Münchner Bürger zu werden. Nach diesen ersten Eingemeindungen hatte sich die Stadt mit etwa 130 000 Einwohnern gegenüber dem Jahr 1810 mehr als verdreifacht.

Bald gab es mehr Leute zum Arbeiten, als gebraucht wurden. Die Arbeiter haben zehn, elf, zwölf Stunden am Tag geschuftet. Auch am Samstag. Nur der Sonntag war frei. Der Lohn war gering und die Frauen bekamen sogar noch weniger als die Männer. Aber sie mussten mitverdienen, damit die Familie was zu Essen hatte und die Miete für die Wohnung bezahlt werden konnte. Wer in der Fabrik aufmuckte, flog raus und der nächste stand schon auf der Matte und schuftete für noch weniger Lohn. Krankheit war eine Katastrophe, weil es kein Geld gab. Krankheit war Elend und Armut. Es gab keine Krankenversicherung und auch keine Unterstützung. Auch nicht für die Kinder. Sie mussten mitarbeiten, weil sonst das Geld nicht reichte. Arbeiten und Geldverdienen war für viele Kinder wichtiger als die Schule und mancher Bub und manches Madl konnte nicht lesen und schreiben. Die Wohnungen waren eng und dunkel und oft voller Ungeziefer, das WC war auf dem Hof oder im Treppenhaus, ein Badezimmer gab es nicht. Auch an ein Kinderzimmer war nicht zu denken, noch nicht mal an ein eigenes Bett, dafür war kein Platz in den Wohnungen der Arbeiter, die oft vier, fünf, sechs oder noch mehr Kinder hatten.

Während die Zeiten für die Menschen in München schwierig waren, baute König Ludwig I. weiter an seinem Isar-Athen. Aber die Münchner brauchten keine Paläste und Prachtstraßen, keine Residenz, Glyptothek, Pinakothek, Feldherrnhalle und auch kein Siegestor. Sie brauchten Arbeit und gerechten Lohn. Eine Wohnung mit genügend Zimmern, mit Licht und frischem Wasser. Sie brauchten Brot zum Essen und Bier zum Trinken. Hinter Ludwigs großen, prächtigen Bauten standen die Hütten der Armen. *Friede den Hütten, Krieg den Palästen*, schallte es bald durch das Land. In der prächtigen Residenzstadt braute sich was zusammen. Es brodelte. Die Leut wehrten sich gegen die Ungerechtigkeiten und schlechten Lebensbedingungen. Dreimal brachen Choleraepidemien aus. Das ist eine gefährliche Krankheit, mit Kopfschmerzen, Fieber, Bauchschmerzen und schlimmem Durchfall. Schuld daran sind die Bakterien mit denen man sich durch verunreinigtes Wasser ansteckt. Viele Münchner sind an der Cholera elendig gestorben. Es musste etwas geschehen. München brauchte endlich eine moderne Versorgung mit Frischwasser und Kanäle für das Dreckwasser. München brauchte auch Stromleitungen für elektrisches Licht, Schulen und Krankenhäuser und noch vieles mehr. Aber darum hat sich der König nicht genug gekümmert", erzählte das Kindl.

Nach dem Krieg von 1870/71 mit Frankreich waren friedliche Zeiten in Deutschland angebrochen. Diesem Frieden wollte man ein Denkmal setzen und errichtete die 23 Meter hohe Säule mit dem Friedensengel. Er trägt die Friedenszeichen in den Händen: in der Rechten den Palmzweig, in der Linken eine Statuette der Pallas Athene. Sie ist die Göttin der guten Kriegskunst.

„Aber deshalb muss doch kein König zurücktreten", sagte Mercur.

„Jo mei! Aber der Ludwig hat seinem Volk nicht zugehört und die Probleme und Wünsche der Menschen aus den Augen verloren. Er interessierte sich mehr für die Kunst und prächtige Bauten und glaubte, er mache alles richtig. Er duldete keine Kritik und hat sogar Zeitungen verboten, weil ihm nicht passte, was darin zu lesen stand. Dann ging der Preis für's Brot in die Höhe und dann auch der Preis für's Bier. Das brachte das Fass zum Überlaufen und die Münchner wurden rebellisch. Sie liefen hinaus auf die Straße und protestierten, demonstrierten und riefen die *Münchner Bierrevolution* aus. Da bekam der König Angst und er nahm die Erhöhung des Bierpreises schnell wieder zurück."

„Und deshalb ist er dann zurückgetreten?", bohrte Mercur weiter.

„Naa, da war auch noch was Anderes. Der König war verliebt. Er hatte eine Freundin, die Lola. Die Lola Montez. Er hat sie verwöhnt wie a Spatzerl und hat ihr jeden Tag Geschenke gemacht. Das ließ die Bürger so zornig werden, dass sie am 4. März 1848 zum Zeughaus gerannt sind. Da haben sie sich Waffen geholt, sind zur Residenz marschiert und haben ihrem Ärger Luft gemacht. Das Volk war gegen Ludwig und auch seine Familie hielt nicht mehr zu ihm. ‚Du kannst kein König mehr sein. Du kannst kein Volk mehr regieren', haben sie gesagt. Das war das Ende von König Ludwig I. und am 20. März 1848 hat er abgedankt."

„Und wie ging es weiter?", fragte Mercur.

„Nun wurde sein Sohn Maximilian der neue König von Bayern. Er war sechsunddreißig Jahre alt und wäre lieber Professor geworden. Später hat er gesagt: ‚Die Krone hat mir nur Dornen gebracht, seit ich sie trage'."

„Und? Hat er die Probleme gelöst?", fragte Mercur.

„I woaß net. Hat nicht so viel gebaut, wie sein Vater. Kennt ihr die Maximilianstraße? Die Prachtstraße mit den teuren Geschäften, in denen es alles nur vom Feinsten gibt? Sie geht über die Maximilianbrücke bis vor das Maximilianeum, das ist der Sitz des Bayerischen Landtags. Am Isarufer im Osten sind die Maximiliansanlagen. Da war früher eine Schafwiese, bevor der schöne Park mit dem riesigen Friedensengel von 1899 angelegt wurde.

„Und wie lange hat Maximilian regiert?", wollte Mercur wissen.

„Nicht lange. Der ist früh gestorben. Zweiundfünfzig Jahr ist er nur alt wordn", antwortete ihm das Kindl.

Der Märchenkönig

„Und wer wurde dann König?", fragte Mercur weiter.

„Das war der Ludwig. Der zweite Ludwig auf'm Thron. Der war noch jung. Er war erst achtzehn Jahre alt, als er zum Kini, ich mein ‚König', gekrönt wurde!"

„Der war doch noch viel zu jung. Muss man nicht zuerst lernen, wie ein Land regiert wird?", fragte Emma entsetzt.

„Das hat er selbst auch gesagt: ‚Ich bin überhaupt zu früh König geworden. Ich habe nicht genug gelernt. Ich hatte so schön angefangen, Staatsrecht zu lernen. Plötzlich ward ich herausgerissen und auf den Thron gesetzt'", erzählte das Kindl.

„Hat er gut regiert?", fragte Emma.

„Der wollt's gut machen. Aber er hat bald gmerkt, dass er a Kini ohne Macht ist. Die Macht hat der preußische Kaiser in Berlin gehabt. Deshalb war der Kini aa net gern in München. Er hat nur unterschrieben, was seine Regierung in Bayern beschlossen hatte. Bald war ihm das auch zu viel und er hat sich ganz in seine Traumwelt zurückgezogen und sich mit dem Bau von drei Schlössern beschäftigt. Er liebte die Musik von Richard Wagner, weil sie so romantisch war. Richard Wagner war sogar sein Freund. Ludwig brauchte so viel Geld für seine Traumschlösser, das kann man sich gar nicht vorstellen. Aber keiner durfte sie sehen, kein Besucher durfte da hinein. Dann wurde der Kini immer seltsamer. Er hat am Tag geschlafen und in der Nacht war er wach und hat sich mit seinen Schlössern und der Musik beschäftigt. Die Regierung fragte die könig-

Der junge „Märchenkönig" Ludwig II. trägt die Uniform eines Generals und den Krönungsmantel. Im Hintergrund liegt die Königskrone auf einem verzierten und bestickten Kissen aus Samt.

Das berühmte Schloss Neuschwanstein hat König Ludwig II. nach seinen Vorstellungen als Ritterburg aus der Zeit des Mittelalters erbauen lassen. Es steht hoch oben bei Füssen im Süden von Bayern.

lichen Ärzte um Rat. Sie haben gesagt, dass der Ludwig geisteskrank und gar nicht mehr fähig ist, zu regieren. Daraufhin hat ein Gericht entschieden, dass Ludwig kein König von Bayern mehr sein kann und sein Onkel Luitpold musste die Regierung des Königreichs Bayern übernehmen. Sie haben Ludwig mit seinem Arzt an den Starnberger See auf sein Schloss Berg gebracht. Aber noch am selben Tag gab es eine Katastrophe. Um Mitternacht haben sie den Kini am See gefunden. Er war tot. Sein Arzt auch."

„Was war passiert?", fragte Emma.

„Des woas koa Mensch. Das ist nie aufgeklärt worden. Seine Leiche wurde drei Tage in der Hofkapelle in Minga aufgebahrt. Dann wurde er in der Gruft der Michaelskapelle beigesetzt."

„Wir haben den Sarg doch schon gesehn", sagte Emma vorwurfsvoll.

„Jo, freili. Da haben wir doch schon in der Gruft drüber gesprochen. Habe ich auch schon gesagt, dass des Herz vom Kini in Altötting in der Gnadenkapelle aufbewahrt wird? Und wisst's, als der Kini tot war, haben die Bayern die Schlosstüren für neugierige Besucher aufgesperrt und alle wollten hinein. Bis heute sind schon fünfzig Millionen Touristen durch sein Schloss getapert und aus dem Staunen nicht mehr herausgekommen."

„Wer wurde der Nachfolger von Ludwig II.?", fragte Emma das Kindl, nachdem es geendet hatte.

„Der Ludwig war nicht verheiratet und hatte auch keine Kinder. Sein Bruder Otto konnte nicht regieren. Er war geisteskrank. Das war ein großes Problem. Da konnte nur noch der Onkel helfen. Onkel Luitpold wurde Prinzregent und musste jetzt regieren. Das hat er gut gemacht. Er war sehr beliebt, weil er ein bescheidener, tüchtiger und ein volkstümlicher Herrscher war. Habt's schon mal von der ‚Prinzregententorte' g'hört?"

„Mmmm, lecker! Hab' ich schon mal probiert. Sie besteht aus Biskuitböden und Schokoladenbuttercreme und ist mit Schokoladenguss überzogen", schwärmte Emma.

„Was? Schokoladenbuttercreme und Schokiguss? Ohhh ... ich könnte für Schoki sterben", schwärmte der Teufel, bekam große Augen und leckte sich mit der glutroten Zunge über die Lippen.

„Aber Bauchweh bekommst', wenn du zu viel davon isst. Ich glaube, der Prinzregent hat auch Bauchweh bekommen, weil es seine Lieblingstorte war. Der Hofkonditor Julius Rottenhöfer hat sie deshalb nach ihm benannt. Bei der echten Prinzregententorte müssen wenigstens sechs Böden Biskuit zwischen der Schokoladenbuttercreme sein. Der Rottenhöfer hat sogar auf acht bestanden, weil es in Bayern damals auch acht Regierungsbezirke gab. Also für jeden Bezirk so ein lockerer Biskuitboden mit der Schokoladenbuttercreme. Der Luitpold war schon sehr beliebt. Es gibt hier die Prinzregentenstraße, das Prinzregententheater und sogar einen Luitpoldpark. Schon zu Lebzeiten wollten ihm die Münchner ein Denkmal aufstellen. Aber er hat gesagt: ‚Wartet damit, bis ich tot bin'. Als er mit einundneunzig Jahren gestorben ist, kam er auch in die Gruft der Theatinerkirche und das Denkmal für ihn wurde vor das Bayerische Nationalmuseum gestellt.

Das Reiterdenkmal vor dem Bayerischen Nationalmuseum für den Prinzregenten Luitpold, der von 1886 bis 1919 regierte

Als der Luitpold regiert hat, wurde Minga immer größer. Immer mehr Leut' kamen dazu und dann wurden noch die umliegenden Orte, zum Beispiel Schwabing, Bogenhausen oder Nymphenburg, nach Minga eingemeindet. Allein in den dreißig Jahren von 1890 bis 1910 stieg die Einwohnerzahl von zweihundertdreißigtausend auf fünfhundertsechsundneunzigtausend. Im Rathaus war viel zu tun, denn alle Bürger mussten sich hier anmelden, ihre Steuern und Ab-

Bei den Touristen aus aller Welt ist das Glockenspiel im Turm des Neuen Münchner Rathauses sehr beliebt.

Das Glockenspiel mit dem Turnierkampf oben und dem Tanz der Schäffler unten

gaben an der Kasse bezahlen, neugeborene Babys anmelden und den verstorbenen Opa abmelden und was sonst noch alles im Rathaus zu regeln ist. Deshalb platzte das alte Rathaus bald aus allen Nähten. Es war viel zu klein für die vielen Aufgaben der Stadtverwaltung geworden. Ein neues, großes Rathaus musste gebaut werden. Gemma zum Neuen Rathaus und schau'n uns des amoi genauer an."

Das Neue Rathaus

„Das Rathaus ist aus meiner Zeit. Das ist aus dem Mittelalter. Das ist gotischer Baustil. Das ist der schlechte Stil mit diesen abartig vielen zackigen Fialen, diesen Türmchen, die mit kriechenden Blumen am Rand verziert sind. Dazu gehören auch die abartig vielen großen Fenster, mit diesen abartigen Bekrönungen darüber und diesen ... diesen ... diesen abartigen Gerippenbögen und ... und ... überhaupt mit den abartig vielen Figuren und dem ganzen Schmuck", sagte der Teufel und hatte vor lauter Erregung schon fast Schaum vor dem Mund.

„Des Rathaus ist gar net aus deiner Zeit! Das ist nicht aus dem Mittelalter! Das ist in der Neuzeit gebaut worden", regte sich das Kindl auf. „Das ist erst 1903 fertig geworden und wenn du rechnen kannst, weißt du selbst, dass es erst gut hundert Jahre alt ist. Das ist auch nicht im gotischen, sondern im neugotischen Baustil* gebaut worden."

„Was ist denn hier los? Warum kommen immer mehr Menschen und stellen sich hier hin?", fragte Mercur. Plötzlich fing es an zu regnen und ein Schirm nach dem anderen wurde aufgespannt. Alle starrten gespannt zum Rathausturm hoch und warteten darauf, dass das größte und berühmteste Glockenspiel Deutschlands end-

Das Figurenspiel im Rathausturm

Das obere Figurenspiel erinnert an die große Hochzeitsfeier von Herzog Wilhelm V. und seiner Braut Renata von Lothringen im Jahre 1568. Zu diesem Fest, das 18 Tage lang gefeiert wurde, waren Fürsten aus ganz Europa eingeladen. Für das üppige Festessen wurden allein 500 Ochsen geschlachtet. Zur Unterhaltung der Festgesellschaft veranstaltete man ein Reiterturnier mit 5 000 Reitern. Die Gegner ritten aufeinander zu und stießen sich mit vier Meter langen Turnierstangen aus dem Sattel auf den Boden. Sieger war, wer auf seinem Gaul sitzen blieb. Der Ritter Caspar Nothafft soll bei diesem Spektakel 30 Gegner vom Pferd gestoßen haben. Aber dann ritt er aus Unachtsamkeit gegen ein Tor und fiel zu Boden. So eine Dummheit wollte er natürlich nicht zugeben. Er erfand eine schöne Ausrede: „Ich wollte nur beweisen, dass ich nicht auf meinem Sattel ‚aungeschrauft' (angeschraubt) bin." Das hatten nämlich neidische Turnierkämpfer behauptet.

Das untere Figurenspiel zeigt den Tanz der Fassmacher. Sie nannten sich Schäffler und trugen eine besondere Tracht: weißes Hemd, weiße Weste, rote Joppe, schwarze Kniebundhose, schwarze Schuhe und weiße Strümpfe. Zur Tracht gehören auch ein schwarzes Pestband, ein grüner Hut und ein Lederschurz. Die Legende erzählt, dass 1517 in München die Pest wütete. Die Menschen wagten sich lange Zeit nicht aus dem Haus, weil sie Todesangst vor der Ansteckung mit dem Pesterreger hatten. Aber bald hatten die Schäffler genug von der Angst und den trüben Gedanken und sie wagten sich mit Trommeln und Pfeifen vor die Häuser und führten fröhliche Tänze auf. Bald fassten die Menschen wieder Mut und so kam die „Gretl mit der Buttn" als erste mit Butter, Eiern und Federvieh in der Kiepe nach München, um ihre Erzeugnisse zu verkaufen. Als sie auf dem Marktplatz die fröhlichen Schäffler sah, tanzte sie mit. Nach und nach trauten sich auch die anderen Bürger auf die Straße. Bald ging das normale Leben weiter. Zum Andenken daran wird der Schäfflertanz bis auf den heutigen Tag aufgeführt — allerdings nur alle sieben Jahre. Früher warfen die Schäffler Nüsse unter das Volk. Man glaubte, dass sie vor Pest und Cholera schützen. Diese todbringenden Krankheiten wüteten mehr als einmal in München.

Das Neue Rathaus

Um Platz für ein großes, eindrucksvolles Rathaus zu schaffen, riss man viele alte Häuser am Marienplatz ab und begann 1867 nach den Plänen des jungen Architekten Georg Hauberisser das Neue Rathaus zu bauen. Er hatte sich die Rathäuser in Brüssel und Wien zum Vorbild genommen, und mit einer Stimme Mehrheit entschied sich der Stadtrat für seinen Entwurf im neugotischen Baustil. Der war zu dieser Zeit sehr beliebt, weil er an die glanzvolle Zeit des Mittelalters erinnerte. Die Fassaden sollten mit Hunderten von Standbildern, Wappen von Städten, Wasserspeiern, Masken und Fratzen geschmückt werden. Mehr als 60 Steinmetze mussten daran arbeiten, damit alles fertig wurde. Die Figuren stellen die bayerischen Herrscher dar, allen voran Heinrich der Löwe. Viele Figuren sind auch Verkörperungen von Ideen und Vorstellungen, zum Beispiel gute und schlechte Eigenschaften der Bürger wie Wohltätigkeit oder Geiz. Verkörpert sind auch die Kunst und Wissenschaft oder Armenpflege und Schulwesen oder die Regierungsbezirke von Bayern. Auch der heilige Benno, der Stadtpatron von München, hat einen Platz gefunden. An diesem großen Rathaus wurde sehr lange und in verschiedenen Abschnitten von 1867 bis 1909 gearbeitet. Als das Haus mit 400 Zimmern endlich fertig war, war es viel teurer geworden. Es kostete zehnmal so viel wie geplant.

lich zu spielen begann. Dann war es so weit. Die Klöppel schlugen auf die Glocken, sodass eine Melodie erklang. Aber keiner von ihnen kannte sie. Auch Emma nicht. Sekunden später bewegten sich die Figuren und zogen im Kreis vorüber.

„Das Glockenspiel ist über hundert Jahre alt. Dreiundvierzig Glocken spielen die Lieder und Melodien", erklärte das Kindl.

„Kennst du die Lieder?", wollte Emma wissen.

„Freili kenn' i die. ‚Muß i denn zum Städele hinaus' oder ‚Jetzt gang i ans Brünnele'. Die Lieder kennt doch jeder!"

„Ich kenne sie nicht."

„Was? Warst' net in der Schul? Do lernt ma die doch."

„Bei uns nicht", bemerkte Emma.

„Aber was beim Christkindlmarkt gespielt wird, das kennst du bestimmt: ‚O Tannenbaum‘.“

„Ja, das kenne ich.“

„Das kann zweiundzwanzig Lieder spielen, des Glockenspiel. Hast du die Spielfiguren gesehn? Das sind zweiunddreißig Stück. Sie sind über zwei Meter groß.“

„So ein Kinderkram! Das ist doch nichts für erwachsene, vernünftige und gebildete Menschen“, sagte Mercur. „Und dieses Geklöppel! Das ist doch keine Musik. Das beleidigt meine Ohren. Ich bin dann mal weg. Wir sehen uns später“, sagte er noch und verschwand. Emma guckte ihm nach und sah gerade noch, wie er sich in die Luft erhob und bald hinter den Häusern der Kaufinger Straße verschwunden war.

Emma gefiel das Glocken- und Figurenspiel. Den Teufel interessierte es überhaupt nicht. Er machte das, was er am liebsten tat: Leute ärgern. Vor allem kleine Kinder. Er trieb es so lange, bis sie weinten und die Eltern gar nicht wussten, warum die Tränen flossen.

Der Regen hatte aufgehört, und die Zuschauer klappten ihre Schirme zusammen und gingen ihrer Wege. Der Teufel hatte seine Freude am Kinderzanken verloren und wartete auf weitere Abenteuer, bis er plötzlich laut aufjaulte und „Auuuua, auuaaaaaaaa, auweh, auweh!“ schrie und sich die Wange rieb. Ein Zuschauer hatte ihn nämlich beim Kinderzanken beobachtet und ihm eine Watschen, eine Ohrfeige, verpasst. Es dauerte einige Zeit, bis er sich wieder beruhigt hatte.

„Ich möchte mal wissen, wie viele Statuen aus Stein hier an der Fassade stehen. Ob die schon mal jemand gezählt hat?“, fragte sich Emma.

„Das sind tausend Statuen“, behauptete der Teufel. Emma zeigte ihm einen Vogel.

„Quatsch! Blödsinn. Denk doch mal nach! Das sind etwa vielleicht ... das sind ... das sind viele. Vielleicht hundert?“

„Des sind schon amoi vierzig Fürstenstandbilder“, stellte das Kindl klar.

„Aber wen stellen sie dar? Das ist doch viel interessanter“, fragte Emma und sie rätselte, ob das überhaupt jemand weiß.

„Irgendeiner in der Millionenstadt München wird das schon wissen“, sagte Mercur.

Dann gingen sie zum Rathausdurchgang. Dort liefen viele Menschen herum. Die einen wollten in die oberen Stockwerke des Rathauses, die anderen in den Prunkhof und in die Kassenhalle, wieder andere wollten mit dem Fahrstuhl auf den Rathausturm fahren. Die vier setzten sich auf die Treppe, die nach oben führte.

„Wollt's ihr München von oben sehen? Hier könnt ihr auf den neunten Stock fahren. Da habt ihr eine schöne Aussicht."

„Ich war schon auf dem Turm des Alten Peter." lehnte Mercur ab.

„Nein", sagte Emma. „Der Teufel kann da sowieso nicht hoch." Aber das Kindl verstand gar nicht warum.

„Das ist ... das ist ... das ist wegen ... wegen ... der Teufel kann da nicht rauf, weil er Höhenangst hat. Schon beim Gedanken daran bibbert er am ganzen Körper und zittert und klappert mit den Zähnen. Und dann kommen ihm die Tränen."

„Was? Der Deifi weint? Hat er wirklich Höhenangst? – Des glaub i net! So was gibts net", sagte das Kindl. Aber als es zum Teufel guck-

Bildschmuck in der Kassenhalle im Rathaus

te, sah es, wie er sich seine feuchten Teufelsaugen rieb und mit den Zähnen klapperte. Emma wollte ihn gerade ein wenig trösten, als sie ein lautes Schimpfen und Fluchen hörten: „Himmi Herrgott Sakra! Jo san do nur Deppen im Rathaus! Können die koan Fahrstuhl in Betrieb halten." Emma ging neugierig näher. Gerade klebte ein Bediensteter einen Zettel auf das Schild mit den Preisen und Öffnungszeiten: „Wegen Instandsetzungsarbeiten geschlossen" stand darauf.

Als sie so dasaßen und dem Kommen und Gehen der Besucher zusahen, kam ein Mann auf sie zu und wollte die Treppe hinauf. Emma rutschte ein wenig zur Seite und machte ihm Platz. Doch bevor er die Stufen hochgehen konnte, hatte sich der Teufel wie tot fallengelassen und den Durchgang wieder versperrt. Eine Sekunde lag er da. Dann kratzte er sich am Bauch, pulte in den Zähnen, bohrte im Ohr und spuckte auf den Boden. Der Besucher war völlig fassungslos und verstört und wusste nicht, was er machen sollte. Emma war das sehr peinlich. Sie sprang schnell auf und machte den Weg für ihn frei. Der Besucher hielt sich am Geländer fest und guckte immer wieder zum Teufel. Als er schon in einiger Entfernung war und sich nochmals umdrehte, streckte der Teufel ihm seine glutrote Zunge heraus und machte sich weiter auf den Stufen breit.

„Gemma in den Prunkhof", schlug das Kindl vor und guckte den Teufel ärgerlich an. Es lief auf die alte Kassenhalle zu und zeigte auf das fidele Hündchen aus Stein neben dem Stadtwappen mit dem Kindl über der Tür. „Es begrüßt mit wedelndem Schweif die Münchner, die Geld für die Stadtkasse bringen. Auf der anderen Seite war ein knurriger Mops für diejenigen, die von der Stadt Geld bekommen und es aus der Kassenhalle hinaustragen."

Sie warfen einen Blick in die Kassenhalle. Aber hier war gar nichts mehr los und mit Geld spielte sich auch nichts mehr ab. Die Halle war jetzt zur Ausstellungshalle für Kunst geworden. Im Innenraum entdeckten sie über der Tür eine schöne Figur. Es war ein Bürger mit einem dicken Geldsack in den Händen. Bringt er der Stadt den Geldsack? Oder hat er ihn bekommen? „Jo mei – des woaß i aa net", sagte das Kindl als Mercur es danach fragte.

Der Wendeltreppenturm im Prunkhof des Rathauses

Draußen auf dem Prunkhof zeigte es den Dreien noch den Wendeltreppenturm. An diesem Turm sind die vier Altersstufen der Menschen in Steinskulpturen an den Pfeilern dargestellt. Zuerst die Mutter mit einem kleinen Knäblein, danach der Jüngling, dann der Mann und zum Schluss der Greis.

Dann marschierte das Kindl schnurstracks aus dem Prunkhof wieder hinaus auf den Marienplatz.

„Des is scho seit der Stadtgründung der wichtigste Platz in München, auf dem mit Salz, Wein, Getreide, Fisch und anderen Lebensmitteln gehandelt wurde. Hier war immer was los und wenn's ein Ritterturnier gab oder einen Jahrmarkt, dann kamen alle in die Stadt: Gaukler und Spielleute, Zahnreißer und Wunderheiler. Da gab's Musik und Spiel und Spaß und Raufereien und Saufereien und Liebeleien und die Leute konnten für eine kurze Zeit vergessen, wie hart des Leben im Mittelalter war. Sie haben ihre Krankheiten vergessen, Hunger und Durst, Kälte und Hitze, Tod und Elend. Und wenn der Henker auf dem Marienplatz erschien, kam das Volk angelaufen und gaffte und gruselte sich, wenn der Kopf auf den Marienplatz rollte. Wollt's a G'schicht hör'n?"

„Vom Henker?", fragte der Teufel interessiert nach.

„Jo mei, von dem und von einer Raubritterbande, die die Gegend unsicher gemacht hat. Sie waren alle zum Tod verurteilt. Der Anführer wollte sich noch einen Wunsch erfüllen, bevor er starb. „Köpft mich", sagte er „aber lasst mich dann kopflos an meinen Männern vorüber laufen. Und wenn ich das geschafft haben, müsst ihr gnädig sein und ihnen das Leben schenken. Der Wunsch wurde ihm erfüllt und nachdem ihm der Henker den Kopf abgeschlagen hatte, lief sein blutiger Rumpf an allen Männern vorüber. Und so kam die ganze Bande mit dem Leben davon. Nur der Anführer verlor sein Leben."

„Das ist doch nicht wirklich passiert", zweifelte Mercur.

„Was woaß i? Des wird so erzählt."

Nun ging das Kindl mit schnellem Schritt zur Ecke Marienplatz und Weinstraße und blieb beim Wurmeck stehen. Alle hatten Mühe, hinterher zu kommen.

Der Pestdrache

Eines Tages zogen dunkle Wolken über München auf und der Himmel verfinsterte sich so schnell, wie es die Menschen noch nie erlebt hatten. Alle blickten voller Entsetzen in den Himmel. Da sahen sie ein schreckliches Ungeheuer. Einen Drachen, wie sie ihn gefährlicher und furchterregender noch nie gesehen hatten. Er hatte sein Maul weit aufgerissen und züngelte mit seiner gespaltenen roten Zunge. Dann verströmte er seinen schwarzen Pesthauch bis er in alle Winkel und Ecken, durch Gemäuer und Dächer drang und den Menschen den Tod brachte. Das Sterben war fürchterlich. Junge und Alte, Reiche und Arme, Schöne und Hässliche, niemand wurde verschont. Als der Drache sich eines Tages wieder auf dem Marktplatz niederließ, fassten die Männer allen Mut zusammen und brachten eine schwere Kanone in Stellung, um das Ungeheuer zu töten. Sie baten den lieben Gott um Hilfe, und feuerten dann die Kugel ab. Durch den Pulverdampf sahen sie, wie der Pestdrache sich aufbäumte und zuckte. Dann fiel der schwere Körper tot auf den Marktplatz. Nun war München von der Pest befreit.

Das Wurmeck

An der Ecke zeigte das Kindl auf den „Wurm",
der in Wirklichkeit ein schöner Drache aus
Bronze war.

„Des ist der Lindwurm. Der Pestdrachen",
sagte es. „Da gibt's a scheene G'schicht davo
zum verzählen. Hört's zu!"

„Da oben über dem Ungeheuer ist die Geschichte vom Pestdrachen auf drei Steinbildern
zu sehn. Seht ihr die Mutter, die mit ihrem Kind
auf dem Arm vor Angst wegrennt? Und den
Bürgermeister, der flüchtet? Oder die Kanone,
mit der die Mannsbilder dem Drachen zu Leibe rücken? Und die Schäffler und die Gretl mit der Buttn? Sie tanzen den Schäfflertanz."

Sie mussten schon eine Weile nach oben starren, bis sie alles er-
kannten, wovon das Kindl ihnen erzählte.

*Der Drache vom
Wurmeck am Neuen
Rathaus*

„Ich muss mein Fell kühlen und mich mit Wasser bespritzen. Ich bin
dann mal weg, zum Fischbrunnen", sagte der Teufel und war rubbeldiekatz verschwunden.

„Jo gibt's des! Der Fischbrunnen is doch keine Badewanne", empörte sich das Kindl als sie an der Mariensäule vorbei zum Fischbrunnen gingen. „Aber wenn ich mir das recht überlege, haben sie
das früher auch gemacht. Als vor hundertfünfzig Jahren der erste
Fischbrunnen aufgestellt wurde, gab's einen Brauch. Wenn die Metz-
gerlehrlinge ausgelernt hatten, warf man sie in den Brunnen, tauchte
sie unter und schüttete noch eimerweise Wasser über sie. Des war a
Gaudi! Ein Riesenspaß war das! Danach waren die jungen Männer Ge-
sellen und mussten nicht mehr nach der Pfeife des Meisters tanzen".

Als sie am Fischbrunnen angekommen waren, sahen sie schon
den Teufel darin plantschen und vor Wonne stöhnen. Rings um den
Brunnen standen Leute, die ihm bei seinem Vergnügen zusahen und
sich amüsierten. Dann fing der Teufel an, die Leute zu bespritzen und
sie wurden ärgerlich.

„Komm da sofort heraus", regte Emma sich auf, aber der Teufel
hörte nicht auf sie und setzte sich auf den dicken Fisch wie auf einen Gaul.

Der Marienplatz und die Mariensäule

Früher wurden auf dem großen Platz Lebensmittel und Getreide verkauft und man nannte ihn Markt- oder Schrannenplatz. Nachdem dieser Markt 1853 auf den Viktualienmarkt verlegt wurde, bekam er den Namen Marienplatz. Kurfürst Maximilian I. ließ 1638 die Mariensäule hier aufstellen. Er war ein großer Marienverehrer und hatte versprochen: Wenn München von den Zerstörungen des Dreißigjährigen Krieges* verschont bleibt, will ich ein „gottgefälliges Werk" tun. Es geschah das „Wunder von München" und die Stadt blieb von Verwüstungen, Feuersbrünsten und anderen schlimmen Kriegsfolgen verschont. Maximilian I. hatte aber auch vorgesorgt und früh begonnen, die Festungsanlagen um die Stadt auszubauen. Viele tausend Männer mussten Gräben ausheben, Wälle aufschaufeln und die Festungswerke bauen.

Maria wird als Schutzheilige Bayerns, als „Patrona Bavariae", besonders verehrt. Auf der über elfeinhalb Meter hohen Säule ist sie als Himmelskönigin auf der Mondsichel dargestellt.

Die Einfassung der Säule wird von vier kleinen nackigen Kindergestalten, Putten genannt, geschmückt. Jede Putte bekämpft ein gefährliches Tier, das eine Plage darstellt: Der Drache verkörpert den Hunger, der Löwe den Krieg, die Natter den Unglauben und der Basilisk* die Pest. Damit die originalen Putten noch lange erhalten bleiben, hat man sie im Stadtmuseum vor Regen, Schnee und Wind in Sicherheit gebracht und an der Säule Nachbildungen aufgestellt.

Die Mariensäule gilt als Mittelpunkt von Bayern. Sie ist der Nullpunkt, von dem aus die Kilometer der ausgehenden Straßen gemessen werden. Man nennt das den metrischen Nullpunkt.

„I glaub', dir brennt der Huat wieder amoi. Du musst jetzt da herunter kommen. Das darf man nicht. Verstehst du mich, Teufel? Der dicke Fisch ist ein Kunstwerk, ein Denkmal. Es soll daran erinnern, dass hier früher die Fische aus der Isar verkauft wurden."

Aber auch das Kindl konnte den Teufel nicht dazu bewegen, aus dem Brunnen zu steigen. Erst als ein Polizist kam und sagte: „Schau, dass d' Land g'winnst, du Depp", kletterte der Teufel aus dem Brunnen. Mercur entdeckte unten an der Brunnenwand ein Steinbecken.

„Des is a Zamperl-Trinkstelle für die Hunde, da können's Wasser schlabbern." Dann entdeckten sie auch die Steinbilder rund um den Brunnen, die von längst vergangenen Zeiten erzählen: vom Fischen in der Isar und vom Füttern des Federviehs bis zu den Rindern auf dem nahegelegenen Rindermarkt.

Der Fischbrunnen am Marienplatz

„Einmal im Jahr wird am Fischbrunnen kräftig gewaschen."

„Schmutzige Wäsche? Mit Waschpulver?", fragte Emma ungläubig.

„Na! Keine Wäsche. Geldbeutel werden gewaschen."

„Willst du mich auf den Arm nehmen?"

„Zamperl-Trinkstelle" am Fischbrunnen

„Na! An Aschermittwoch trifft man sich am Fischbrunnen mit'm Geldbeutel. Da ist aber kein Geld mehr drin, weil an Fasching alles für's Vergnügen draufgegangen ist. Und wenn man sie wäscht, werden sie wieder voll. Wer beim Waschen dabei ist, hat's Jahr über keine Sorgen mit dem Geld – so sagt man hier. Aber nix g'wiss woaß ma net. Das sagen auch der Oberbürgermeister und die Stadträte. Denn die stehn als erste am Brunnen und waschen die Beutel der Stadt."

Die Moderne

Der Münchner Maler Franz Marc ist durch seine Tierdarstellungen im Stil des Expressionismus berühmt geworden. Diesem Gemälde hat er den Namen „Springendes Pferd" gegeben.

Mit Emma Elf in die Moderne

Das Ende der Residenzstadt München

„Wie hieß der letzte König von Bayern?", wollte Mercur plötzlich wissen.

„König Ludwig III. war der Letzte", sagte Emma.

„Und bis wann hat er regiert?"

„Bis zum 7. November 1918. Dann musste er abtreten und Bayern verlassen. Bis dahin hatten die Wittelelsbacher siebenhundertachtunddreißig Jahre geherrscht. Die Menschen wurden jetzt rebellisch. Sie protestierten auf der Theresienwiese gegen den Ersten Weltkrieg, legten die Arbeit nieder und streikten. Wütende Frauen demonstrierten auf dem Marienplatz gegen den Hunger. Die Menschen wollten keinen König mehr, der daran nichts änderte. Sie nahmen ihre Sache selbst in die Hand, jagten den König vom Thron und schafften die Monarchie* in Bayern ab. Nun war die Herrschaft der Wittelsbacher zu Ende."

„Blutig oder unblutig? Gab es Kämpfe?", fragte Mercur dazwischen.

„Fast unblutig. Am 8. November 1918 rief Kurt Eisner die Republik* aus. Nun gab es den Freistaat Bayern und am 9. November 1918 war der Erste Weltkrieg zu Ende. Danach begann eine neue Zeit. Die Zeit der Weimarer Republik. In der Stadt Weimar war die neue Grundordnung für die Republik beschlossen worden. Bürger waren von nun an keine Untertanen mehr. Sie waren mitverantwortlich für die Gemeinschaft. Alle konnten jetzt die Vertreter für das Volk wählen. Auch die Frauen, Arme und Reiche. Deutschland war nun eine Demokratie*", antwortete Emma.

„Begann jetzt eine gute Zeit?", interessierte sich Mercur.

„Ja und nein. Es war eine schwierige Zeit mit vielen Problemen."

„Warum?"

Für ein Glas Bier musste man diesen Schein hinlegen. Es kostete 200 Milliarden Mark.

„Deutschland und seine Verbündeten waren Schuld am Ersten Weltkrieg und hatten diesen Krieg verloren. Die Sieger verlangten, dass Deutschland für die Zerstörungen und Verwüstungen und ihre gesamten Kriegskosten aufkommen sollte. Ein Krieg kostet schließlich viel Geld. Zweihundertneunundsechzig Milliarden Reichsmark forderten die Sieger. Aber wie sollte das Land mit den Schulden fertig werden? Zu dieser Zeit gab es wenig Arbeit und Woche für Woche mehr Arbeitslose. Die Menschen litten Hunger und waren bettelarm. Der Staat konnte ihnen nichts zu essen geben und sie nicht unterstützen. Wie sollte es weitergehen? Zuerst demonstrierten die Menschen. Dann plünderten sie die Geschäfte und nahmen sich, was sie kriegen konnten. Danach druckte der Staat immer mehr Geldscheine mit hohem Wert. Aber es gab nicht genügend Waren, die man dafür kaufen konnte. Der Wert des Geldes war nicht stabil. Ein Liter Milch kostete zuerst tausend Reichsmark. Kurze Zeit später waren es schon dreitausendsechshundert Reichsmark und noch später dreihundertachtundvierzig Billionen Reichsmark. Eine Fahrt mit der Straßenbahn kostete eine Milliarde Reichsmark und ein Glas Bier einhundertfünfzig Milliarden Mark. Bis 1922 war der höchste Wert eines Geldscheins tausend Mark. 1923 wurden Geldscheine mit dem Wert von hundert Billionen Mark gedruckt. Das muss man sich mal vorstellen! Das ist eine Zahl mit einer hundert und zwölf Nullen dahinter. Geschrieben sieht das so aus", sagte Emma und schrieb *100 000 000 000 000* in die Luft."

„Worüber redest du mit Mercur?", fragte der Teufel plötzlich und guckte Emma an.

„Darüber, dass in der Weimarer Republik nichts mehr so war, wie es vor dem Ersten Weltkrieg war. Die Menschen waren verunsichert und enttäuscht. Die glanzvolle Zeit in München war vorbei. Die Wirtschaft funktionierte nicht mehr und die Bürger wussten nicht, wie es weitergehen sollte."

„Hat denn in dieser Weimarer Republik nicht mal einer gesagt, wo es lang ging? Gab es niemand der wusste, was gut und richtig für das Land und die Menschen war?", fragte der Teufel.

„Es gab damals eine Partei, die behauptete, dass sie es weiß. Das war die *Nationalsozialistische Deutsche Arbeiterpartei*, abgekürzt *NSDAP*. Der Vorsitzende dieser Partei war Adolf Hitler. Und die Zeit in der der Adolf Hitler als Diktator später regierte, nennt man das Dritte Reich."

Adolf Hitler in München

Sie wollten nun vom Marienplatz zur Ausstellung „München im Nationalsozialismus" im Stadtmuseum gehen. Aber das Kindl wollte nicht mit.

„I muss amoi a Pause macha. I kimm später", sagte es und war schnell im Menschengewühl verschwunden.

„Als in München die Nationalsozialistische Deutsche Arbeiterpartei, die NSDAP, mit ihren politischen Ideen von sich reden machte, fühlten sich viele angesprochen und traten in die Partei ein. Auch Adolf Hitler", erzählte Emma auf dem Weg. „Er war aus Wien nach München gekommen und schlug sich mit dem Malen von Postkarten durch. Er war kein sehr begabter Maler, aber dafür ein sehr begabter Redner. Er konnte mit seinen Reden die Gefühle der Menschen ansprechen und wusste genau, wie er sie für die Ideen des Nationalsozilismus begeistern konnte. Adolf Hitler wurde zum Vorsitzenden der Partei, und viele Deutsche, die mit der Regierung in Berlin unzufrieden waren, stimmten ihm zu. Zu seinen Versammlungen kamen immer mehr Menschen und jubelten ihm zu. Bald sah er seine Stunde gekommen. Er wollte durch einen gewaltsamen Umsturz, zu dem man ‚Putsch' sagt, die Regierung in Berlin stürzen und selbst die Macht im Staat übernehmen. Am 9. November 1923 zog Hitler mit dreitausend treuen Anhängern durch die Münchner Innenstadt zur Ludwigstraße. Sie trugen die rote Fahne mit dem schwarzen Hakenkreuz im weißen Kreis voran. Das war ihr Zeichen. Aber die Polizei hatte ihnen den Weg bei der Feldherrnhalle am Odeonsplatz abgesperrt. Als die Hitleranhänger versuchten, die Absperrung zu durchbrechen, fielen Schüsse. Vier Polizisten, ein Passant und fünfzehn Hitleranhänger wurden getroffen und starben. Adolf Hitler konnte fliehen. Aber er wurde zwei Tage später gefasst und zu fünf Jahren Haft verurteilt. In dieser Zeit schrieb er seine Vorstellungen und Gedanken und auch seine Lebensgeschichte auf. Daraus sind zwei Bücher mit dem Titel *Mein Kampf* entstanden."

Drückeberger-Gassl

Die kleine Viscardi-Gasse hinter der Feldherrnhalle ist nach dem Baumeister Viscardi benannt. Sie verbindet die Residenzstraße und die Theatinerstraße. Die Münchner nennen sie auch Drückeberger-Gasse. Diesen Namen bekam sie zur Zeit des Nationalsozialismus. Mit „Drückeberger" meinte man die Münchner, die nicht an der Feldherrnhalle vorbeigehen wollten. Dort mussten sie „Heil Hitler" sagen und den Arm zum Gruß ausstrecken. Damit bezeugten sie den Anhängern Adolf Hitlers ihre Ehre, die beim Versuch, ihn an die Macht zu bringen, hier getötet worden waren. Wer diesen Nationalsozialisten keine Ehre erweisen wollte, ging den Weg durch die Viscardi-Gasse. Es waren deshalb keine Drückeberger, sondern vielmehr Menschen, die anderer Meinung waren als die Nationalsozialisten. Heute erinnert eine Gedenktafel an der Residenz gegenüber der Feldherrnhalle an die vier Polizeibeamten, die bei dem Putschversuch Adolf Hitlers ihr Leben lassen mussten.

„Was stand in den Büchern drin? Was hatte Hitler denn für Vorstellungen?", wollte der Teufel von Emma wissen.

„Seine Überzeugung war: *Ein Reich, ein Volk, ein Führer.* Alle Menschen im Deutschen Reich sollten seiner Meinung nach eine Volksgemeinschaft bilden und sich dem Führer unterordnen. *Wer anders denkt, gehört nicht dazu und wird unterdrückt. Nicht die Mehrheit des Volkes bestimmt, sondern ein Führer – ein Diktator. Deshalb muss es auch nur eine Partei geben und ihr Zeichen ist das Hakenkreuz. Das Deutsche Reich muss immer größer werden. Die Deutschen brauchen neues Land im Osten. Deshalb müssen wir Krieg führen und neue Gebiete dazugewinnen. Juden sind unser Unglück. Sie sind an der Not in Deutschland und der Welt Schuld. Sie sind an allem Schuld. Deshalb ist die feindliche Einstellung gegen Juden richtig. Die jüdische Rasse muss ausgemerzt werden.* Das steht alles in seinem Buch."

„HimmelHerrgottSakramentNochmal", begann der Teufel zu toben und mit seinem Pferdefuß auf der Straße herumzustampfen. So was denken sich noch nicht mal Teufel aus! Und die Menschen haben das geglaubt? Die haben mitgemacht?"

„Ja. Viele wünschten sich damals einen starken Führer, der Hoffnung gibt und alle Probleme löst. Adolf Hitler wollte dieser Führer sein und am 30. Januar 1933 hatte er es geschafft. Die NSDAP war nach den Wahlen die stärkste Partei in Deutschland und Adolf Hitler wurde zum Reichskanzler* ernannt.

Am Neuen Rathaus am Marienplatz wehten nun die roten Fahnen mit dem Hakenkreuz. Zum Bürgermeister wurde sofort ein Nazi berufen. Alle anderen städtischen Posten wurden auch mit Nazis besetzt. Alle Mitarbeiter sollten treu zur Partei stehen und dem Führer gehorchen. Hitler erklärte München 1933 zur ‚Hauptstadt der Deutschen Kunst‘ und 1935 zur ‚Hauptstadt der Bewegung‘. München war der Gründungsort der Partei und bis 1945 Sitz der Reichsleitung."

Die ersten Ausgaben von Adolf Hitlers Werk „Mein Kampf" sind im Münchner Stadtmuseum ausgestellt.

links: Am Rathaus wehten die roten Fahnen mit dem Zeichen der Nationalsozialisten.

Hauptstadt der Deutschen Kunst –
Ausstellung „Entartete Kunst"

Die Vorstellungen der Nationalsozialisten sollten auch in der Kunst zum Ausdruck kommen. Deshalb war für sie nur das Kunst, was nach den gewohnten und überlieferten Regeln der Malerei und Bildhauerei von den Künstlern geschaffen worden war. Neue moderne Ideen in der Kunst lehnten sie ab. Diese Kunst war nach ihrer Vorstellung „entartet", Kunst von Geisteskranken und eine Ausgeburt des Wahnsinns. Es war Schmiererei. Dazu zählten zum Beispiel Kunstwerke von Pablo Picasso, Paul Klee oder Emil Nolde und auch die blauen Pferde von Franz Marc. Am 19. Juli 1937 fand in den Hofgartenarkaden* die Ausstellung „Entartete Kunst" statt, in der die Kunstwerke mit Absicht so angeordnet waren, dass sie beim Betrachter ein Gefühl der Unordnung und Verwirrung hervorriefen. Zwei Millionen Menschen auch aus anderen Ländern schauten sich die Bilder an. Viele wollten die neue moderne Kunst kennenlernen. Aber viele lehnten diese Kunst ab und schlossen sich der Meinung der Nazis an. Viele Künstler bekamen nun ein „Malverbot" und durften nicht mehr arbeiten, deshalb flüchteten etliche ins Ausland. Andere wurden in Konzentrationslager verschleppt und fanden den Tod. Die „entarteten" Kunstwerke konnten zum Teil vor der Zerstörung durch die Nazis gerettet werden. Heute sind sie wieder wichtige, sehr geschätzte und unbezahlbare Kunstwerke und werden in den berühmten Museen der Welt ausgestellt.

Ein Haus für die deutsche Kunst

Am 18. Juli 1937 wurde das monumentale „Haus der Deutschen Kunst" in der Prinzregentenstraße am Rande des Englischen Garten als „Geschenk des Deutschen Volkes an seinen Führer Adolf Hitler" eröffnet. In diesem Haus wurden Kunstwerke gezeigt, die sich an die Tradition in der Malerei hielten und den Vorstellungen der Nationalsozialisten entsprachen. Beliebte Themen in der Malerei waren die Familie mit dem Vater als Führer und der Frau als liebende Mutter vieler Kinder, arbeitende Bauern, Tiere und Landschaften. Heute sind die Werke der Künstler aus dieser Zeit weitgehend in Vergessenheit geraten.

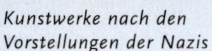

Kunstwerke nach den Vorstellungen der Nazis

Die Neuen Herren – München im Nationalsozialismus

Sie waren am Stadtmuseum angekommen und betraten den Ausstellungsraum „München im Nationalsozialismus". Er lag in einem anderen Gebäudeteil, den sie bisher noch nicht kennengelernt hatten. Die freundliche Aufseherin informierte sie darüber, dass die Ausstellung mit dem Ende des Ersten Weltkrieges 1918 beginnt und mit dem Ende des Zweiten Weltkriegs 1945 endet. Es war ziemlich dunkel und sie mussten sich zuerst zurechtfinden.

„Kommt mal schnell her. Hier sind die Bücher ausgestellt", rief Emma die anderen.

Mein Kampf – Eine Abrechnung stand auf dem einen roten Buch und *Mein Kampf – Die Nationalsozialistische Bewegung* auf dem anderen. Der Teufel stand im Nu vor der Vitrine, aber als Mercur sich hastig umdrehte, um Emmas Ruf zu folgen, stieß er mit einem älteren Besucher zusammen.

„Oh, verzeihen Sie. Das tut mir leid. Das hätte mir nicht passieren dürfen. Ich habe Sie nicht gesehen, die Dunkelheit ... Habe ich Sie verletzt?"

„Musst halt a bisserl Obacht gem!", sagte der Herr etwas ärgerlich und sah Mercur erstaunt an. Dann bemerkte er Emma und den Teufel.

„Was macht's ihr überhaupt hier?"

„Wir wollen mehr über München zur Zeit des Nationalsozialismus erfahren", antwortete Mercur.

„So, wollt's des?"

„Wir sind Fachleute. Jeder für eine Zeit. Mercur für die Römerzeit, der Teufel für das Mittelalter und ich für die moderne Zeit", erklärte Emma.

„Ja so was! Und jetzt wollt's was über's Dritte Reich erfahr'n? Ich war ein kleiner Bub zu der Zeit, als Hitler an die Macht kam. Ich hab' das alles mitgemacht. Ich hab den ganzen Schlamassel, in den uns dieser größenwahnsinnige Führer hereingezogen hat, selbst erlebt."

„Können Sie uns etwas darüber erzählen?", fragte Emma mutig.

„Ich? Mmm ... Was erzählen von der Nazizeit? Mmm ... Kommt mit", sagte er dann und blieb vor der Vitrine, in der eine Uniform ausgestellt war, stehen.

„Schaut's! Des is die Uniform, die man im Alter von zehn bis vierzehn Jahren als Pimpf beim Jungvolk tragen musste: kurze schwarze Hosen, braunbeiges Hemd, schwarzer Schulterriemen, der diagonal über Brust und Rücken lief und am Hosengürtel befestigt war, schwarzes dreieckiges Halstuch, das durch einen braunen Lederknoten gezogen wurde und graue Kniestrümpfe. Damit ging man zum ‚Dienst' beim Jungvolk."

Alle starrten nun in die Vitrine in der die Uniform auslag.

„Musste man die tragen?", fragte Emma.

„Ja. Ab 1939 war das Pflicht. Man wurde gezwungen. Die Nazis wollten den ganzen Menschen lenken und formen und ihn zu blindem Gehorsam gegenüber dem Führer und seinen Ideen erziehen. Das begann schon im Kindergarten und ging die ganze Schulzeit und im ganzen Leben so weiter. ‚Dann kommt eine neue deutsche Jugend, und die dressieren wir schon von ganz klein an für diesen Staat. Und sie werden nicht mehr frei, ihr ganzes Leben lang', hat Adolf Hitler gesagt. Wisst ihr was des Wort Pimpf bedeutet?

A Pumpf is a dicker Furz. Und a Pimpf is a kloan's Furzerl. Die Pimpfe waren also die Kleinen in der Hitler-Jugend. Beim Eintritt war es Pflicht, die Treueformel zu sprechen: ‚Ich verspreche, in der Hitler-Jugend allzeit meine Pflicht zu tun in Liebe und Treue zum Führer und unserer Fahne'. Dann mussten die Pimpfe zum Dienst antreten und der Jungzugführer nahm die Trillerpfeife in den Mund, machte trill,

trill, trill, und brüllte: *Stillgestanden! – Hacken zusammen! – Hände an die Hosennaht! – Augen geradeaus! – Jungzug im Gleichschritt marsch!* Dann mussten wir losmarschieren. Mit dem linken Fuß zuerst: *Links – zwo – drei – vier, links – zwo – drei – vier* und so weiter und dann: *Jungzug halt! – Hinlegen!* Bei diesem Kommando warfen sich alle Jungen auf den Bauch und legten die Stirn auf die Unterarme. Dann kam der Befehl: *Aufstehn! – Hinlegen! – Aufstehn! – Hinlegen!* Immer schneller kommandierte er, zehn- oder zwölfmal. Danach kamen fünf oder zehn Liegestütze: *Hoch! – Runter! – Hoch! – Runter!* Wehe, wenn man schlapp gemacht hat. Danach schrie er: *Hinlegen! – Robben!* Dann musste sich der ganze Zug auf den Ellenbogen vorwärts bewegen. Auf dem Heimweg zum HJ-Heim hieß es: *Ein Lied!* Und dann sangen alle die Lieder, die den Krieg verherrlichten und die deutsche Heimat priesen. *Denn heute gehört uns Deutschland und morgen die ganze Welt,* schallte es durch die Straßen."

„War das wie beim Militär, wie bei den Soldaten?", fragte Emma.

„Das war Drill wie auf dem Kasernenhof. Das war die vormilitärische Ausbildung. Damit später alle prima Soldaten wurden, die gut für den Krieg zu gebrauchen waren. Und wenn du gemeckert hast, sagten die anderen ... pscht Xaver, halt die Klappe, sonst kommst du nach Dachau. Was da in Dachau war, wussten wir Kinder nicht genau. Aber es musste etwas Schlimmes sein. Wir Kinder haben auch gedichtet: ‚Es geht alles vorüber, es geht alles vorbei, auch Adolf Hitler und seine Partei'. Aber das durfte auch keiner hören."

„Heißt du Xaver?", fragte der Teufel und der alte Herr nickte.

„Und die Mädchen?" Emma sah Xaver fragend an.

„Die mussten in den *Bund Deutscher Mädel*, den *BDM*, eintreten, der für die Zehn- bis Dreizehnjährigen *Jungmädelbund* hieß. Das war auch Pflicht. Dort sollten die Mädchen zu tapferen und starken Frauen erzogen werden. Sie lernten Kochen und Handarbeiten und das Heim schön einzurichten, machten Gymnastik, lernten Volkstanz und spielten Theater. Alles war auf die Zukunft als Ehefrau und Mutter vieler Kinder ausgerichtet. Viele waren begeistert von der Gemeinschaft und den Ideen der Nazis. Da war immer was los. Man war nicht alleine und hatte keine Langeweile. Dafür viele schöne Erlebnisse bei Ausflügen und Wanderungen, bei Lagerfeuern und sportlichen Wettkämpfen."

„Und wenn man nicht mitmachen wollte? Wenn man als Junge keine sportlichen Wettkämpfe leiden konnte und nicht marschieren wollte? Oder wenn einen als Mädchen das Kochen und Handarbeiten nicht interessierte? Wenn man andere Interessen und Ansichten hatte als Adolf Hitler?", überlegte der Teufel.

„Dann hattest du nichts zu lachen. Als Kind nicht und als Erwachsener auch nicht. Andersdenkende wurden bedroht, durch Prügel eingeschüchtert, ins Gefängnis geworfen oder in Lager gesteckt. Das Konzentrationslager* bei Dachau wurde, schon kurz nachdem Hitler an der Macht war, eingerichtet. Dahin wurden dann diejenigen verschleppt, die eine andere Einstellung als die Nazis hatten oder einer anderen Volksgruppe angehörten. Zum Beispiel Kommunisten* und Sinti und Roma*. Aber auch

Häftlinge im Konzentrationslager Dachau 1933

Homosexuelle*, Andersgläubige, Geistliche und Behinderte. In Dachau wurde auch das Personal für die anderen Lager ausgebildet. Jemand hat gesagt: ‚In Dachau ist die Schule für Mörder'. In diesem Konzentrationslager wurde über zweihunderttausend Menschen aus ganz Europa die Freiheit genommen. Sie mussten streng bewacht in Baracken leben, wurden erniedrigt und misshandelt. Mehr als einundvierzigtausend Menschen wurden umgebracht. Viele hielten aus Angst vor Strafe den Mund. Sie sagten gar nichts mehr zu dem, was die Nazis trieben. Sie passten sich an und wurden zu Mitläufern. Aber viele ließen sich auch von den Ideen und dem starken Kameradschaftsgefühl der Nazis blenden. Am 10. Mai 1933 brannte ein riesiges Feuer auf dem Königsplatz hier in München. Studenten und Professoren warfen ein Buch nach dem anderen ins Feuer, sodass sie von den Flammen gefressen wurden. Es waren Bücher von jüdischen Schriftstellern und Bücher, in denen etwas anderes zu lesen stand, als den Nazis gefiel. Etwas von Menschenwürde und Demokratie. Zum Beispiel auch Bücher von Erich Kästner, der den Kinderkrimi *Emil und die Detektive* geschrieben hat. Der berühmte Schriftsteller Heinrich Heine hatte eine Vorahnung und sagte: ‚Wo man Bücher verbrennt, verbrennt man am Ende auch Menschen‘."

„Und die Juden? Was haben die Nazis mit denen gemacht?", fragte der Teufel.

„Kommt mit. Ich zeige euch das hier in der Ausstellung."

Dann blieb Xaver vor der Vitrine mit dem Judenstern stehen und fuhr fort mit seiner Schilderung:

„Die Juden erklärte man zu Außenseitern und grenzte sie aus. Auch aus dem Arbeitsleben. Jüdische Lehrer durften nicht mehr unterrichten, Ärzte nicht mehr helfen, Richter nicht mehr Recht sprechen. Auf Plakaten stand: Kauft nicht bei Juden. Damit das Verbot auch eingehalten wurde, wachten vor den jüdischen Geschäften Männer der Kampf- und Schutztruppe der NSDAP. Der Lebensraum der Juden wurde immer mehr eingeschränkt. Sie durften kein Theater mehr besuchen, kein Kino, kein Museum und auch keine Gaststätte. Sie durften nicht mehr in den Englischen Garten und andere Parks gehen, kein Haustier mehr halten und nicht mit der Straßenbahn fahren. Jüdischen Kindern wurde verboten, die staatlichen Schulen zu besuchen. Alle Juden, die älter als sechs Jahre waren, mussten den gelben Stern mit der Aufschrift *Jude* tragen.

Der Judenstern musste auf der linken Seite in der Nähe des Herzens an der Kleidung aufgenäht werden.

Sie wurden bespuckt, verspottet, gedemütigt und beleidigt. Am 9. November 1938 hielt der Minister Josef Goebbels im Saal des Alten Rathauses in München eine Hetzrede. Damit wiegelte er die Bürger zu Ausschreitungen gegen die Juden auf. In der Nacht steckte man die Synagogen in Brand, plünderte Wohnungen und Ge-

schäfte, verwüstete und zerstörte sie, raubte Geld und Gut. Die Männer der Sturmabteilung schleuderten aus den Fenstern der Wohnungen alles, was hindurch passte: Stühle, Nachttische, Lampen, Bücher, Kochtöpfe, Sofakissen, Bilder, Schubladen und Geschirr. Dann holte man die Juden aus ihren Häusern, pferchte sie zusammen auf einen Lastwagen und verschleppte sie ins Konzentrationslager. Das habe ich mit eigenen Augen gesehen. Die Juden sind eine minderwertige Rasse und die muss ausgemerzt werden, war die Begründung der Nazis für ihre Verbrechen. Ich habe mir schon als kleiner Junge gedacht, dass da etwas abgrundtief Böses und Unmenschliches passierte. Die Polizei hat zugeschaut, wie Hitlers Anhänger und sein Sicherheitsdienst wüteten. Sie griffen nicht ein und nur wenige trauten sich, zu helfen und dem Spuk ein Ende zu machen", erzählte Xaver.

„Wird diese Nacht auch Kristallnacht genannt?", fragte Emma.

„Ja, so hat man gesagt, weil in dieser Nacht dunkle Gestalten die Fensterscheiben jüdischer Geschäfte mit Pflastersteinen bombardiert haben. Sie schlugen mit Stöcken und Eisenstangen die Scheibenreste und Firmenschilder kurz und klein, bis die Bürgersteige mit Scherben und Splittern übersät waren. Deshalb hat man der Nacht diesen Namen gegeben. Aber heute sagt man zu dieser schrecklichen Nacht ‚Reichspogromnacht'. Die jüdische Rasse sollte vernichtet werden.

Alle Juden sollten sterben. In München lebten 1933 etwa zwölftausend Juden. Als die Amerikaner am 30. April 1945 München befreiten, lebten noch vierhundertneunundsiebzig Juden in der Stadt", erzählte Xaver.

Die Stadt der Nationalsozialisten – Hauptstadt der Bewegung

„Ich habe Fotos vom Königsplatz gesehen. Der war voller Menschen", sagte Mercur zu Xaver. Auch Emma, der Teufel und das Kindl hatten die Fotos in der Ausstellung gesehen.

Der Königsplatz zur Zeit des Nationalsozialismus

„Ja. Ja! Der Platz war für die Nazis wie geschaffen. Er war groß genug für Aufmärsche und Kundgebungen. Auch die Gebäude, die an griechische Tempel erinnern, gefielen den Nazis gut. Nur der Rasen und die Büsche und Bäume störten sie. Deshalb rissen sie alles, was grün war, heraus und verlegten harte Granitplatten auf dem Boden, die sie aus dem ganzen Deutschen Reich herbeigeholt hatten. Nun war der Platz ideal für Nazi-Feiern, Kundgebungen und die großen Aufmärsche der Soldaten. Ihre Stiefelabsätze knallten auf dem harten Stein, und die zackigen Befehle an die Soldaten hallten vom Boden zurück. Auch bei den Veranstaltungen der Partei strömten Massen von Menschen auf den Königsplatz, den die Nazis in Königlichen Platz umgetauft hatten. Am Rande des Platzes errichteten sie zwei Ehrentempel, in denen je acht Särge aus Bronze mit den Überresten der Toten des Hitlerputsches standen. Sie wurden als ,Blutzeugen der Bewegung' besonders verehrt. Sie waren aus Sicht der Nationalsozialisten für Ihre Überzeugung und Treue zu Adolf Hitler gestorben, und die Tempel galten als Nationaldenkmal des deutschen Volkes."

„Kann man diese Tempel noch sehen? Gibt es sie noch?", fragte der Teufel.

„Nein. Die amerikanische Militärregierung hat sie 1947 gesprengt. Die Nazi-Zeit war vorüber und man wollte keine Ehrentempel für Nazi-Verbrecher", erklärte ihnen Xaver.

„Die Nazis machten sich nach 1933 im Viertel rund um den Königsplatz breit. Sie kauften Häuser und errichteten neue Gebäude für die Verwaltung und die Partei. An der vornehmen Brienner Straße, im Haus Nr. 45, war in einem Stadtpalast die Zentrale der Partei und der Sitz der Reichsleitung. Auf dem Dach wehte die rote Fahne mit dem Hakenkreuz. Der große Stadtpalast wurde nun *Braunes Haus* genannt. Aber das war nur der Anfang. Adolf Hitler hatte vor, die ganze Stadt nach seinen Vorstellungen umzugestalten und große neue Bauten zu errichten, die ein Zeichen seiner Herrschaft und Macht darstellen sollten."

Am 9. November 1935 wurden die „Toten der Bewegung vom 9. November 1923" in die beiden Ehrentempel auf dem „Königlichen Platz" in München überführt.

„Und? Hat er das gemacht?", fragte Emma.

„Dazu ist es nicht gekommen."

„Warum nicht?"

„Weil am 1. September 1939 deutsche Truppen Polen überfielen und besetzten. Damit begann der Zweite Weltkrieg und damit hatten die Nazis genug zu tun. Danach überfielen sie die Nachbarländer Frankreich, Belgien, Holland und Dänemark. Sie griffen die Sowjetunion an und erklärten Amerika den Krieg. ,Es kann nur einer siegen und das sind wir', sagten sie. In Europa waren fast alle Länder vom Krieg betroffen und zum Schluss waren es siebenundzwanzig Nationen, die gegeneinander kämpften. Ein Jahr später, 1940, fielen die ersten Bomben auf München."

Braunes Haus, ab 1933 Sitz der Reichsleitung der NSDAP

„Ist München oft bombardiert worden?", fragte der Teufel.

Zerstörtes München

„Sechsundsechzig Mal! Bei einem Angriff 1942 haben neunundachtzig Flugzeuge Bomben abgeworfen. Zwei Jahre später waren es über tausend Flugzeuge. Die schlimmsten Angriffe trafen München im April 1944. Hunderttausende von Minen, Spreng- und Brandbomben fielen aus den Flugzeugen und legten fast die gesamte Innenstadt in Schutt und Asche. Im Juli starteten neue Luftangriffe und zerstörten den Rest, der von München noch übrig war. Das Ergebnis waren Tausende Tote durch Fliegerangriffe, sechzehntausend Verwundete, zwanzigtausend gefallene Soldaten, achtzigtausend zerstörte Wohnungen, dreihunderttausend Menschen ohne ein Dach über dem Kopf."

Der Teufel war ganz in sich versunken und kratzte sich langsam am Bauch. Dann sagte er: „Diese nationalsozialistische Schreckensherrschaft mit ihrem größenwahnsinnigen Führer hat Millionen von Menschen ins Elend und in den Tod gestürzt und Städte und Dörfer zerstört. Warum haben alle mitgemacht? Warum hat niemand protestiert und Adolf Hitler und den Nationalsozialisten den Kampf angesagt?"

„Es gab auch Widerstand. In München haben die Geschwister Sophie und Hans Scholl mit einer Gruppe von Studenten und anderen Nazi-Gegnern Flugblätter geschrieben und verteilt. Darin riefen sie zum Kampf gegen Adolf Hitler und die Herrschaft der Nationalsozialisten auf. Unterstützt wurden sie von Professor Kurt Huber. Sie nannten ihre Widerstandsgruppe *Weiße Rose*. Sie trauten sich, mit weißer Ölfarbe Sprüche gegen Hitler an die Wände der Universität zu pinseln und sogar in der Innenstadt zu demonstrieren. Auch in anderen Städten arbeiteten sie gegen Hitler. Als sie zum sechsten Mal Flugblätter verteilten, wurden Sophie und Hans Scholl am 18. Februar 1943 beobachtet und angeschwärzt. Beide wurden verhaftet, vier Tage später zum Tode verurteilt und noch am selben Tage

hingerichtet. Sophie war zweiundzwanzig Jahre alt und Hans vierundzwanzig. Seine letzten Worte waren: ‚Es lebe die Freiheit'. Später wurden auch Professor Huber und andere Mitglieder der *Weißen Rose* hingerichtet."

„Wie lange hat diese Schreckensherrschaft der Nationalsozialisten gedauert?", wollte der Teufel noch wissen.

„Zwölf Jahre. Von 1933 bis 1945", antwortete Xaver. „Aber das ‚Dritte Reich' der Nationalsozialisten sollte nach der Vorstellung ihres wahnsinnigen Führers tausend Jahre dauern", antwortete Xaver.

links: Die Geschwister Hans und Sophie Scholl mussten für ihren Widerstand sterben.

Mitte: Im Lichthof der Ludwig-Maximilians-Universität haben die Mitglieder der „Weißen Rose" unter Lebensgefahr ihre Flugblätter verteilt.

rechts: Vor dem Hauptgebäude der Ludwig-Maximilians-Universität erinnert ein Bodendenkmal an die Mitglieder der „Weißen Rose".

Informationstafel zum neuen NS-Dokumentationszentrum beim Königsplatz.

Juden in München

Schon im Mittelalter kam es in München, wie auch in anderen Städten, zu Ausschreitungen und gewalttätigen Verfolgungen der Juden. Im Jahre 1285 beschuldigte man sie, ein getauftes Christenkind getötet und sein Blut getrunken zu haben. Aber das war nur ein Vorwand, um gegen sie vorzugehen. Aus Angst vor der Gewalt der Christen verbarrikadierten sie sich in der Synagoge. Das machte die wütende Volksmenge noch zorniger und sie zündeten das Gotteshaus an. Männer, Frauen und Kinder verbrannten in den Flammen. Juden mussten im Laufe der Geschichte immer wieder als Sündenböcke herhalten. Man beschuldigte sie, die Brunnen zu vergiften, sodass es durch das verseuchte Wasser zu Pestepidemien kam. Aber auch das war nur ein Vorwand, um sie herabzuwürdigen. Weil sie in der Minderheit waren, waren sie auch immer dem Zorn und den Gewalttaten der Mehrheit ausgeliefert. Im Jahre 1442 wurden alle Juden aus München und Oberbayern vertrieben. Erst nach über 300 Jahren durften sie sich wieder in München ansiedeln. Als Maximilian I. Joseph der erste König des Königreichs Bayern wurde, veränderte sich die Situation der Juden zum Guten und sie konnten ein geregeltes Leben in München führen. Im Deutschen Reich, das 1871 gegründet wurde,

bekamen Juden endlich dieselben Bürgerrechte wie alle anderen in Deutschland. 1887 wurde in München eine Hauptsynagoge in der Herzog-Max-Straße eingeweiht, die zu den schönsten Synagogen in Deutschland zählte. Viele hoch angesehene jüdische Künstler, Musiker, Kaufleute und Wissenschaftler zogen nach München und bereicherten das städtische Leben. Nach dem Ersten Weltkrieg nahm die Judenfeindlichkeit wieder zu und das Leben wurde für sie schwieriger. Als 1933 die Nationalsozialisten an die Macht kamen, begann die systematische Ausgrenzung, Erniedrigung und Unterdrückung auch für die 12 000 in München lebenden Juden. Am Ende stand die Ausrottung und Vernichtung von sechs Millionen europäischer Juden. Im Gedenkbuch des Münchner Stadtarchivs sind die Namen der über 4 500 ermordeten Juden verewigt.

München wurde am 30. April 1945 von den amerikanischen Truppen besetzt und von der Naziherrschaft befreit. Die 479 Münchner Juden, die den Naziterror überlebt haben, bildeten bald wieder eine jüdische Gemeinde in München. Am 20. Mai 1947 wurde die Synagoge an der Reichenbachstraße wieder eröffnet.

Seit dem 9. November 2006 dient die neue Synagoge Ohel Jakob (Zelt Jakobs) als Hauptsynagoge. Sie ist Teil des neuen Jüdischen Zentrums in der Innenstadt, zu dem auch das städtische Jüdische Museum gehört.

„Und was waren das für Reiche davor, wenn dieses das Dritte war?", fragte der Teufel weiter.

„Das erste Reich war das *Heilige Römische Reich Deutscher Nation*, das im Mittelalter begann und 1806 endete. Das Zweite war das Kaiserreich unter den Preußen von 1871 bis 1918. Das Dritte sollte das Reich der Nationalsozialisten werden, das schon nach zwölf Jahren mit dem verlorenen Weltkrieg zu Ende ging."

„Haben wir jetzt genug über diese schreckliche Zeit gesehen und über alles gesprochen?", fragte Mercur.

„Naa, des glaub i net. Da gibt's noch viel drüber zu reden", sagte Xaver. „Aber ich denk, jetzt langt's. Es ist genug."

„Aber ich habe noch eine letzte Frage", sagte Mercur sehr nachdenklich. „Gibt es in München einen Ort, an dem alle Informationen über diese Zeit gesammelt werden? Einen Ort, an dem man alles über diese Zeit erfahren kann? So etwas wie ein Museum vielleicht?"

„Oh je! Des is a trauriges Kapitel. Bis heute gibt es so einen Ort nicht. Aber bald soll er am Königsplatz, auf den Grundmauern des ‚Braunen Hauses' entstehen. Das ist im Krieg zerstört worden. Das soll dann das *NS-Dokumentationszentrum München* werden. Da kann man sich erinnern, sich informieren und offen über die Zeit des Nationalsozialismus reden und diskutieren, denn Demokratie* und Toleranz* sind nicht selbstverständlich. Man muss immer wieder darüber reden. So wie wir das jetzt getan haben. Gemma naus? Gemma zum St. Jakobs-Platz?", fragte Xaver und alle nickten.

Der Krieg ist aus – Trümmerzeit in München

„Das war anstrengend. Ich muss mich setzen. Nein, am besten hinlegen!", sagte der Teufel und rannte auf den St. Jakobs-Platz. Er ließ sich auf eine Bank plumpsen und zur Seite fallen. Dann zog er die Beine hoch, lag auf der Bank und rieb sich über sein Bauchfell. Die anderen setzten sich auf die Bank daneben. Sie saßen noch nicht lange, als das Kindl winkend auf sie zukam.

„Habts Besuch bekommen?"

„Ja! Das ist der Xaver. Der hat uns viel erzählt. Der kennt sich aus", sagte Emma zum Kindl.

„Bist auch a Münchner Kindl?", fragte es. Xaver nickte. „Hast du alles miterlebt? Auch die furchtbare Zeit nach dem Krieg?" Xaver nickte wieder.

„Das war vor mehr als sechzig Jahren, als am 30. April 1945 die amerikanischen Soldaten anrollten. Mit Jeeps, Panzern und Trucks fuhren sie durch die gespenstische Ruinenlandschaft, die von München übrig geblieben war. Sie besetzten die Stadt und befreiten die ‚Hauptstadt der Bewegung' von der Nazi-Herrschaft. Auf den Trampelpfaden zwischen den Schuttbergen tauchten verstörte Menschen auf, die den Befreiern mit weißen Tüchern zuwinkten. Das war das Zeichen, dass sie sich ergeben wollten.

Der Krieg war vorüber. Ab jetzt gab's keine Panik mehr vor heulenden Sirenen und explodierenden Bomben, wenn die Häuser getroffen waren und die Stadt in Flammen stand. Das hat geknallt und geknattert, gezischt und gepfiffen. Menschen schrien und Tiere brüllten. Und der Brandgeruch, überall der Brandgeruch. In der Stadt waren nur noch Ruinen. Nur Trümmer, soweit man gucken konnte. Die Nazis machten sich aus dem Staub, als die Amis kamen und jeder sah zu, dass nichts übrig blieb, was sie verraten konnte. Sie verbrannten die Hitlerbilder, die Fahnen, Urkunden und Bücher mit Hakenkreuzen, warfen Kriegsspielzeug, Uniformen und Abzeichen weg und vergruben Pistolen, Gewehre und Munition im Garten oder Hinterhof. Aber wisst ihr, was ich da zum ersten Mal in meinem Leben im Mund hatte? Das war chewing gum!"

„Was ist chwinggum?", fragte der Teufel von der Nachbarbank.

„*Chewing gum,* habe ich gesagt. Des is ..."

„Kaugummi", rief Emma dazwischen. „Kaugummi!"

„Ja, den habe ich von den Amis bekommen. Und wisst ihr, was ich noch von denen inmitten von Trümmern und Ruinen, wo's sonst nix zu essen gab von denen bekommen habe? Schokolade! Süße, rahmige Schokolade! Es gab kaum Brot, Butter, Milch, Käse, Wurst, Fleisch oder gar Zucker. Wir hatten immer Hunger. Und i kriag a ganze Tafel Schokolad g'schenkt! "

„Wo ist die Schokolade? Ich will auch was davon haben. Ich könnte sterben für Schokolade", machte sich der Teufel bemerkbar und setzte sich sogar wieder richtig auf die Bank hin. Aber er war enttäuscht, als es keine Schokolade gab, sondern nur davon geredet wurde.

„Erzähl weiter!", forderte Emma den Xaver auf.

„Was soll ich sagen? Es war eine schlimme Zeit nach dem Krieg. Viele waren krank und schwach. Die Schulkinder waren dürre und bleiche Hungerhaken. Die Kleinen in der ersten Klasse hatten von Geburt an nur den Krieg kennengelernt und waren in Kellerlöchern und Bunkern groß geworden. Sie konnten gar nicht richtig lernen, weil sie von den vielen Sirenen, den Fliegerangriffen und dem Leben im Bunker nervös und zappelig geworden waren. Bis zu sechzig Zappelkinder sollten in einer Schulklasse lernen. Sie saßen in engen, kalten Räumen, ohne Schulbücher, Hefte und Bleistifte und der Magen knurrte vor lauter Hunger. Im Winter mussten die Schulkinder was zum Heizen mitbringen. Ein Stück Holz oder ein Brikett*, damit ein kleiner Ofen eingeheizt werden konnte. Wenn nichts zum Heizen da war, wurden die Schulen geschlossen und die Kinder mussten sich die Hausaufgaben abholen.

Es fehlte an allem. Hab und Gut waren verbrannt oder lagen unter dem Schutt der zusammengestürzten Häuser. In ihrer Not suchten die Menschen auch in den Trümmern nach Sachen, die sie noch gebrauchen oder eintauschen konnten. *Tausche Fahrrad gegen Nähmaschine, tausche Kochplatte gegen Kaffee, Zigaretten gegen Lebensmittelmarken* stand auf Zetteln, die an Zäunen befestigt waren. Aus

Für viele Kinder war die Schulspeisung oft die einzige warme Mahlzeit am Tag.

Waschtag im März 1948

Gardinen und Uniformen der Soldaten wurden Kleider genäht. Alte Schuhe wurden aufgeschnitten, wenn die Füße gewachsen und sie zu klein geworden waren. Dann guckten die Zehen vorne heraus und wurden kalt und blau. Kinder spielten in den gefährlichen Ruinen wie auf einem Abenteuerspielplatz. Die Mütter mussten irgendwo in der Stadt Wasser holen, damit sie mit der Hand die Wäsche waschen konnten. Sie spannten in den Hinterhöfen Wäscheleinen zwischen die Mauern, die einzustürzen drohten. Die Wasserversorgung und die Kanäle funktionierten nicht mehr, die Müllabfuhr hatte keine Müllwagen, viele Straßen waren voll mit Schutt oder hatten tiefe Löcher. Die Krankenhäuser waren zerstört, die Schulen, die Kindergärten, die Heime für Alte und Schwache, die Museen, die Kinos, die Theater und Konzerthäuser. Unter den Trümmern lagen noch Leichen, und Ratten huschten durch die Straßen und tanzten auf den Trümmerbergen. So hat des net weitergeh' kenna!

„Rama dama" – Aufräumen tun wir. Schon kurz nach der Befreiung durch die Amerikaner wurden die Trümmer geräumt.

‚Rama dama', rief der Oberbürgermeister Thomas Wimmer den Menschen zu. ‚Packt's die Schaufeln in die Händ und räumt's den Schutt weg. Unser München miass' mer wieder aufbau'n.' Dann nahm er selbst die Schaufel und schippte die Trümmer in die Trümmerbahn."

„Was heißt *Rama dama*?", wollte Mercur von Xaver wissen.

„Des sollt heißen ‚Räumen tun wir!' Die Stadt organisierte zweiundzwanzig Bagger, einhundertachtzig Kippwagen, dreihundert Handwagen und fünfzig Lastwagen. Dann krempelten siebentausendfünfhundert freiwillige Helfer die Ärmel hoch, spuckten in die Hände und schaufelten den ganzen Tag und den nächsten und den nächsten vier Millionen Kubikmeter Schutt weg. Der Anfang war gemacht."

„Da kann ich mir gar nichts drunter vorstellen, unter vier Kubikmetern", meckerte der Teufel.

„Ein Kubikmeter ist ... öh ..., ist einen Meter lang, einen Meter breit und einen Meter hoch. Und das in Schutt. Und das vier Millionen Mal", erklärte der Xaver dem Teufel.

„Kann ich mir aber einfach nicht vorstellen", beharrte der Teufel.

„Das ist ein gigantischer Berg. Da ist die Frauenkirche winzig dagegen. Aber es lag immer noch Schutt herum und es war noch viel zu tun. Als 1958 die Achthundert-Jahr-Feier der Stadtgründung gefeiert wurde, hatte München schon seit einem Jahr eine Million Einwohner und war hinter Berlin und Hamburg die dritte Millionenstadt in Deutschland geworden. Vieles war im alten Stil wieder aufgebaut worden. Aber ein Teil vom ‚alten München' war für immer in den Trümmern verschwunden."

Wirtschaftswunder

„Ich möchte wissen, was die Menschen sich nach dem Zweiten Weltkrieg am meisten gewünscht haben?", fragte Mercur.

„Das kann ich dir sagen. Das weiß ich. Das hat mir mein Opa erzählt. Der hat mir auch von der neuen Bundesrepublik Deutschland erzählt", sagte Emma schnell. „Essen, essen, essen. So viel essen, bis man das Gefühl hat, man platzt. Und eine Wohnung mit einem Schlafzimmer für die Eltern, einem Kinderzimmer, einem Wohnzimmer und einer Küche. Und natürlich ein eigenes Badezimmer mit einem WC. Und Möbel. Ein eigenes Bett, Tisch, Stühle, Schränke, einen Herd zum Kochen und einen Ofen zum Heizen."

„Und sonst?", wunderte sich Mercur.

„Ordentliche Kleider. Einen Anzug, einen Mantel, ein Paar Schuhe."

„Sonst nichts?"

„Vielleicht auch eine neue Ordnung. Ein Grundgesetz, in dem die Grundrechte für alle Bürger und Bürgerinnen festgelegt sind. Ein Staat, in dem alle die gleichen Rechte haben, in dem es unterschiedliche Parteien gibt, die man wählen kann. Eben eine Demokratie."

„Und haben sie die Demokratie bekommen?", fragte Mercur weiter.

„Ja. 1949 wurden in der Verfassung die Regeln für die Bundesrepublik Deutschland festgelegt. Der erste Bundeskanzler der Bundesrepublik Deutschland war Konrad Adenauer. Er regierte in der neuen Hauptstadt Bonn am Rhein."

„War das eine gute Regierung?"

„Ja. Sie handelte nach einer neuen Wirtschaftsordnung. Sie wollte ‚Wohlstand für alle'. Jeder, der etwas leistet, soll sich auch was leisten können, hat die Regierung gesagt. Dann kam die Zeit, die man *Wirtschaftswunder* nennt. In der Industrie gab es viel zu tun. Jedermann wurde gebraucht, alle konnten Arbeit finden. Bald gab's so viel Arbeit, dass man Arbeiter aus Italien holte. Dann kamen Männer aus Portugal und Spanien. Aber es waren immer noch nicht genug und die Firmen und Betriebe holten sich Männer aus Griechenland und der Türkei. Je mehr die Wirtschaft boomte, desto mehr Wünsche hatten auch die Menschen. Die Väter wünschten sich ein Auto und einen Fernseher, die Mütter eine Waschmaschine und Küchengeräte, die Kinder Fahrräder, Roller, Rollschuhe und Puppenwagen, die Familie ein eigenes Häuschen und eine schöne Urlaubsreise, am liebsten nach Italien."

In der Zeit des Wirtschaftswunders wünschten sich die Mädchen Puppen und Puppenwagen.

„War das eine gute Zeit?", unterbrach Mercur Emma und fragte den Xaver.

„Na ja! Mir war'n froh, über's Wirtschaftswunder. Das ging so schnell wieder aufwärts, wie in keinem anderen Land. Wir konnten bei der vielen Arbeit auch alles vergessen: die Nazi-Zeit, den Zweiten Weltkrieg und die Millionen von Toten. Und die Welt hat g'staunt über die fleißigen Deutschen. Aber jetzt muss i endlich gehn. Jetzt müsst's allein weitermachen."

Die Geschwister Helmut, Sigrid und Ulrike Körner am Brunnenbuberl

„Oh je, des wird fad", stöhnte das Kindl. „Aber i bin aa no do. I kenn mi aa aus." Alle bedankten sich und verabschiedeten sich von Xaver.

„Sprech' mar über's moderne München. Über die Zeit der Weltstadt mit Herz", sagte das Kindl.

München – Weltstadt mit Herz

„Das war ein Spruch, der in einem Wettbewerb im Jahr 1962 ermittelt wurde, den das Fremdenverkehrsamt zusammen mit den beiden großen Münchner Tageszeitungen durchgeführt hat. An dem Wettbewerb haben sich vierzehntausend Leser mit über vierzigtausend Vorschlägen beteiligt. Der ausgewählte und prämierte Slogan hat dann vierzig Jahre für die Stadt geworben. *Weltstadt mit Herz* passte zum Kindl und zum Oktoberfest, zur Brezn und zur Weißwurst, zu den Madln im Dirndl und den Burschen in der Lederhose. Erst zur Fußballweltmeisterschaft 2006, die auch in München stattfand, gab's einen neuen Slogan: *Munich Loves You*."

„Warum denn einen englischen Spruch?" wunderte sich der Teufel.

„Jo mei! Weil so viele Besucher aus dem Ausland in unser schönes München kommen. Englisch ist die Weltsprache. Heut spricht jeder Englisch."

„Aber ich nicht!", sagte der Teufel wütend. „Tsss ... tsss ... mir kommt kein englisches Wort über die Lippen, so wahr wie ich ein Teufel bin! Ich will auch gar nicht wissen, was ,Munik luves do' bedeutet. Das ist mir schnurzegal in Dreiteufelsnamen."

„Aber ich könnte es dir übersetzen", sagte Emma.

„Na gut. Ausnahmsweise!"

„*München mag dich*, könnte man übersetzen! Aber richtig heißt *love* lieben. *Also München liebt dich*," übersetzte Emma.

„Habt's scho vom Waldi g'sproch'n?", wechselte das Kindl das Thema.

„Wer ist das denn jetzt schon wieder? Muss ich den kennen?", quetschte der Teufel aus seinem Teufelsmaul heraus.

„Der Waldi war der Glücksbringer der Olympischen Spiele 1972 in München. Es war ein gestreifter Dackel. Den gab's in Holz, in Frottee und Plüsch, als Kuscheltier und sogar als Puzzlespiel. Der grüßte von Plakaten, er war auf Tassen und wer weiß wo drauf und machte tüchtig Werbung für die Olympischen Spiele. Bevor's los ging mit den Spielen, war München fast eine einzige Baustelle. Neue Straßen wur-

Der Dackel Waldi war das Maskottchen der Olympischen Spiele 1972.

Der BMW-Turm mit dem BMW-Museum, das die Geschichte der Technik von ihren Anfängen bis hin zu einem Blick in die Zukunft in einer spannenden Ausstellung zeigt

den gebaut und eine neue U-Bahn, die zum Olympiazentrum fahren sollte. Im Olympiapark baute man am Olympiastadion, der Olympia-Schwimmhalle und der Olympiahalle mit dem Zeltdach. Des war a völlig neuartige, moderne Konstruktion. In zwei olympischen Dörfern sollten die mehr als siebentausend Athleten aus über einhundert-zwanzig Ländern wohnen. Dann haben sie die Straße vom Marien-platz bis zum Karlstor für die Autos und andere Fahrzeuge gesperrt. Des war dann die erste Fußgängerzone in Deutschland. München putzte sich heraus, um *Weltstadt mit Herz* zu werden. Dann haben sie noch den BMW-Turm in der Nähe des Olympiageländes gebaut, der noch grad rechtzeitig fertig geworden ist. Das war ein großartiger Bau damals, mit den vier über hundert Meter hohen Zylindern! Mit den zweiundzwanzig Geschossen war es das höchste Bürogebäude in München! Wisst ihr, wie viele Menschen da drin arbeiten? Eintau-sendfünfhundert! Wisst's was die Münchner g'sagt ham, als des neue BMW-Museum fertig war? ‚Salatschüssel‘ ham's zu dem g'sagt und ‚Müslischüssel‘ und ‚Weißwurstkessel‘!", erzählte das Kindl und woll-te fast nicht mehr aufhören.

„Oh, Olympia. Damit kenne ich mich aus", unterbrach Mercur das Kindl. Die Olympischen Spiele waren im griechischen Altertum ein bedeutendes Ereignis. Alle vier Jahre im Sommer fanden die Spiele im Hain von Olympia und an anderen Orten statt. Da kam das Volk zu-sammen, aber auch hohe Vertreter der griechischen Welt. Bei vielen Wettbewerben traten die Sportler nackt auf ..."

„Echt? Nackig kann man doch keinen Sport machen", zweifelte Emma an.

„Meine liebe Emma", entgegnete ihr Mercur „du hast wohl in der Antikensammlung nicht richtig hingeschaut. Denn da hätten dir die rot-schwarzen Vasen auffallen müssen. Darauf sind zum Beispiel unbekleidete Boxer und Läufer gemalt.

„So was! Tsss ... Die kamen vielleicht auf Ideen, die alten Griechen!", amüsierte sich der Teufel.

„Ist bei den Olympischen Spielen 1972 in München nicht auch was Schlimmes passiert? Terroristen*, die Geiseln genommen haben?", erinnerte sich Emma und sah das Kindl an.

„Furchtbar war des. Die Terroristen aus Palästina* haben Sportler aus Israel* als Geiseln genommen. Sie wollten so die Welt auf den Konflikt* zwischen den beiden Staaten aufmerksam machen. Dabei starben die elf israelischen Geiseln, fünf Terroristen und ein Polizist.

Das war furchtbar. Einen Tag haben sie überlegt, ob man die Spiele abbrechen soll. Aber dann haben sie entschieden: Die Olympischen Spiele müssen weitergehen, weil die Idee von Olympia die Verständigung der Völker der Welt ist und ein Treffen der Jugend. Diesen Gedanken müssen wir bewahren."

Das Kindl wollte nicht weiter über dieses schreckliche Ereignis sprechen und wechselte das Thema.

Das Olympiastadion

*Im Jahr 2005 ist ganz
im Münchner Norden
die Allianz-Arena mit
69 000 Plätzen als
Stadion für die beiden
Münchner Fußballver-
eine FC Bayern Mün-
chen und TSV 1860
München eröffnet
worden. Es war auch
Spielort bei der Fuß-
ballweltmeisterschaft
2006. Wenn der
FC Bayern in Mün-
chen spielt, schimmert
die Außenhaut der
Arena rot. Wenn der
TSV 1860 München
spielt, schimmert sie
blau.*

*Der Slogan des Fuß-
ballvereins FC Bayern
München ist: mia san
mia.*

„Wollt's was über Fußball hören?" Emma war sofort dabei.

„Wieso sind die Roten so gut? Warum ist der FC Bayern München seit 1965 ununterbrochen in der Bundesliga und schon zweiundzwanzig Mal Deutscher Meister geworden?"

„I denk', weil die Bayern so stolz sind. Die sagn ‚Mia san mia und die anderen sind uns wurscht'. Und trainieren tuns aa gut. Es gibt welche, die sagen, der Verein habe viel Geld, weil er über einhundertsiebzigtausend Mitglieder hat. Der kann sich eben die besten Spieler kaufen."

„Bist du auch Fan?", fragte Emma das Kindl.

„Jo mei! Fünfzehn Millionen Fans gibts auf der Welt – und i g'hör aa dazu."

Zeitungen, Bücher, Film und Fernsehen – Die Medienstadt München

„He, Mercur! Willst' Schauspieler für Film und Fernseh'n werden? Du hätt'st bestimmt a Chance. Du schaust gut aus und a guade Figur. Nur mit'm Sprechen musst noch üben." Mercur runzelte die Stirn. Was meinte das Kindl damit?

„Hier bei uns in München werden Filme für's Kino und Fernsehen produziert. Es gibt sogar eine Hochschule für Fernsehen und Film, da werden immer Schauspieler gebraucht."

„Dazu muss man doch eine Ausbildung haben. Jedenfalls war das im alten Rom so", entgegnete Mercur.

„Vielleicht bist a Naturtalent. Oder willst du lieber Bücher schreiben? München ist nach New York die größte Verlagsstadt. Wir haben hier zweihundertfünfzig Verlage für Schulbücher, Wörterbücher, Taschenbücher, Sachbücher, Kinderbücher und für Unterhaltungsliteratur. Oder willst du lieber in der Zeitung schreiben? Es gibt eine Schule für Zeitungsschreiber, für Journalisten. Vier Zeitungen gibt's, die jeden Tag erscheinen. Dazu kommen noch jede Menge Wochenzeitungen und auch Monatszeitungen. Du kannst viel machen in der Medienstadt München, auch beim Fernsehen und beim Rundfunk."

Mercur verstand nicht recht, wovon das Kindl redete, denn von modernen Medien hatte er keine Ahnung und lesen konnte er auch nicht sehr gut.

Topfit für die Zukunft – Bildung und Forschung

„Jetz pack ma's!", rief das Kindl.

„Wohin?", fragte Emma.

„I will zur Isar. Da komma vui leana im Deutschen Museum. Wennst net leana wuist, bleibst deppat."

„Hä? An der Isar viel lernen?", wunderte sich Emma.

„Jo!"

„Kannst du mal Hochdeutsch sprechen?", fragte Mercur ärgerlich.

Das Deutsche Museum in München

Das Deutsche Museum

Im Jahre 1903 bekam Oskar von Miller für ein technisches Museum von der Stadt einen Bauplatz auf der Isarsandbank zur Verfügung gestellt. Bisher lagerten auf dieser Sandbank Holz und Kohle und bis zu 12 000 Flöße landeten im Hafen an.

Für den großen Museumsbau mussten zuerst 1 500 Pfähle bis zu sieben Meter tief in den Sandboden gerammt werden, damit das Fundament stabil war. Im Jahre 1925 war der Museumsbau vollendet und der Turm wurde zum Wahrzeichen des Museums. Zum Museum gehören auch ein Archiv, in dem Dokumente, Zeichnungen und andere wichtige Unterlagen aufbewahrt werden und eine Bibliothek. Im Deutschen Museum wird auch geforscht und so entsteht immer neues Wissen – und durch neues Wissen entstehen immer wieder neue Fragen, zu denen geforscht wird.

Das Museum besitzt heute etwa 100 000 Objekte. Höchstens 25 000 sind ausgestellt und führen in die Welt der Technik und Naturwissenschaften von der Steinzeit bis zur Gegenwart in unterschiedlichen Fachbereichen ein. Der Rest schlummert im Depot*. Spannend ist das Reich für Kinder. Hier gibt es viel zu tun – und mit viel Spaß zu lernen: Von der Welt des Wassers, über Motoren, Feuerwehren, bis zum Malen, Schreiben, Musik machen und sogar bis zum Leben retten mit dem Seenotrettungskreuzer gibt es aus der Welt der Technik und der Naturwissenschaften fast nichts, was es hier nicht zum Mitmachen und Bauklötze staunen gibt.

„Naa, i wui net."

„Redest du jetzt nur noch Bairisch?", fragte der Teufel. Aber er bekam keine Antwort.

„Was sollen wir machen?", fragte Emma ratlos. „Ich glaube, das Kindl will mit uns zum Deutschen Museum auf die Museumsinsel."

„HimmelHerrgottSakramentKreuzKruzifixHalleluja", schrie der Teufel und trampelte mit seinem Pferdefuß auf dem Boden herum. „Ich will nicht mehr ins Museum. Ich will nichts mehr lernen. Ich bleib dumm. Sei schlau – bleib dumm! So mach' ich das. Deshalb will ich da nicht hin." Alle waren ratlos.

„Das ist das größte technisch-naturwissenschaftliche Museum der Welt! So was gibt's nicht nochmal", versuchte Emma das Interesse der anderen zu wecken. Aber niemand hörte ihr zu.

„Wuist immer no deppat bleib'm?", wandte sich das Kindl an den Teufel. „Wuist net leana, damits d' studier'n kannst?", aber der Teufel antwortete dem Kindl nicht, drehte sich um und spuckte in der Gegend herum.

Emma bewegte die anderen dazu, zur Ludwigsbrücke zu gehen und von dort aus einen Blick über die Isar auf den großen Museumskomplex des Deutschen Museums mit dem Turm zu werfen.

„Da drüben im Stadtteil Haidhausen ist das *Müllersche Volksbad*", fiel Emma ein und zeigte auf das große Gebäude.

„Des is a scheenes Bad", begeisterte sich das Kindl. „Als es 1901 eröffnet wurde, war es eines der schönsten und aufwendigsten

Studieren in München

Wer in München studieren möchte, kann unter zwei Universitäten und acht Fachschulen und Fachhochschulen wählen. Die älteste Universität ist die LMU, die Ludwig-Maximilians-Universität, an der schon seit 500 Jahren junge Leute unterrichtet werden. Heute studieren an der LMU etwa 47 000 Studentinnen und Studenten in fast allen Fächern von A bis Z, von Ägyptologie bis Zahnmedizin, natürlich auch Medizin, Jura oder Wirtschaft. Seit 1901 sind 13 Professoren von der LMU mit dem Nobelpreis für Medizin, Chemie und Physik ausgezeichnet worden.
Die TUM, die Technische Universität München, ist 1868 von König Ludwig II. gegründet worden. Sie zählt zu den besten Universitäten in Deutschland und hat heute etwa 25 000 Studierende.
Insgesamt leben etwa 80 000 Studentinnen und Studenten in München. Das sind so viele, wie vier Kleinstädte Einwohner haben. In München kann man also vui leana und topfit für die Zukunft werden.

Die Ludwigsbrücke

Die schöne grüne, seichte Isar ist schon oft zu einem reißenden Gebirgsfluss angeschwollen, der die Münchner in Angst und Schrecken versetzt und Häuser und Menschen mitgerissen hat. So war es auch beim Hochwasser im Jahr 1813. Mehr als hundert Menschen hatten auf der Ludwigsbrücke Schutz vor dem steigenden Wasser gesucht. Als die Isar immer weiter anstieg, wurde der Druck auf die Brücke so groß, dass sie einbrach. Die Menschen wurden ins Wasser gespült und von den Fluten mitgerissen, bis sie ertranken. Heute wird die Isar bei Hochwasser durch ein kompliziertes Kanalsystem gebändigt.

Schwimmbäder der Welt. Es war ein Geschenk vom Ingenieur Karl Müller, der es der Stadt München unter einer Bedingung schenkte: Das Bad sollte allen Münchnern offen stehen. Vor allem denjenigen, die nicht viel Geld hatten, denn zu dieser Zeit waren Badezimmer mit einer Wanne oder Dusche in der Wohnung absoluter Luxus. Die Arbeiter in den Mietshäusern hatten höchstens ein Wasserbecken in der Küche und ein WC für mehrere Wohnungen im Treppenhaus. Aber

oben: Bei der Ludwigsbrücke stand die erste Brücke, die Heinrich der Löwe 1158 errichten ließ und die zur Gründung der Stadt München führte.

links: Das Müllersche Volksbad war vor 100 Jahren eines der schönsten Schwimmbäder der Welt.

rechts: Eine Station bei der Stadterkundung für Kinder ist das Müllersche Volksbad.

hier im Müllerschen Volksbad war alles vom Feinsten im modernsten Jugendstil* errichtet worden und man fühlte sich wie in einen Palast versetzt: Über dem großen Schwimmbecken erhebt sich ein Tonnengewölbe, breite Treppen führen ins Becken hinab, die Wände sind mit Malereien geschmückt und aus den Umkleidekabinen kann man sofort ans Schwimmbecken gehen. Die Galerie im Obergeschoss wird von verzierten Eisengittern abgegrenzt. Den Besuchern des Müllerschen Volksbades standen sechsundachtzig Wannenbäder und zweiundzwanzig Brausebäder für die Körperpflege zur Verfügung. Bis heute ist das Bad so erhalten, wie es früher war. Nur die Wannen- und Duschbäder sind entfernt worden, weil fast jede Wohnung heute ein Badezimmer hat."

Mitten in der Stadt in der freien Natur

„Mir geh'n jetzt amoi mitten in der Stadt in die freie Natur", schlug das Kindl vor.

„Das geht nicht", sagte Emma. „Entweder Stadt oder freie Natur. Aber mitten in der Stadt in der freien Natur, das geht nicht!"

„In München geht das", behauptete das Kindl. „Ich kann es euch beweisen!"

Der Teufel hatte dem Kindl gar nicht zugehört und Mercur dachte an das Müllersche Volksbad und träumte von warmen und kalten Bädern, wie sie zu seiner Zeit in den römischen Thermen üblich waren.

Der Flaucher – ein Park für die Bürger

Vor bald 175 Jahren hat der Bürgermeister Jakob Bauer dafür gekämpft, dass an der Süd-Isar ein großer Landschaftspark für die Bürger von der Stadt angelegt wurde. „Das kostet viel zu viel", haben andere gesagt. Aber der Bürgermeister blieb hartnäckig und sagte: „Es gibt Leute in der Stadt, für die ist Bäume pflanzen eine Geldverschwendung. Nur Bäume, an denen statt Blätter Geldscheine wachsen, sind für sie gut." Aus Dankbarkeit für die schöne Anlage haben die Bürger Jakob Bauer vor 150 Jahren ein Denkmal errichtet. Wer den kämpferischen Bürgermeister kennenlernen will, kann ihn in den Flaucheranlagen besuchen.

An den Isarauen

„Soll i des jetzt beweisen?", fragte das Kindl leicht gereizt. „Wir können durch die Isarauen spazieren. Da könnt ihr eine Natur erleben!
Wie ein wilder Gebirgsfluss mit Rinnen und Kiesbänken fließt die Isar
an der unteren Isaraue entlang über die mittlere Isaraue nach Unter-
föhring. Am Englischen Garten, am Landtag, den Maximiliansanlagen und an Haidhausen vorbei bis zur oberen Isaraue beim Tierpark
Hellabrunn und über München hinaus. Die Isar ist so sauber. Da tummeln sich Hechte, Regenbogen- und Bachforellen drin. Kannst' sogar
drin baden, ohne krank zu werden. Im Auenwald leben Eisvögel und
Singdrosseln und anderes fliegendes Getier. Da gibt es Liegewiesen
und Kinderspielplätze und bei den Flaucheranlagen ist das Wasser
sehr wild und romantisch. Da tummeln sich die Badegäste, und einen
schönen Biergarten gibt's da auch."

„Gehen wir in den Biergarten?", fragte Mercur, der insgeheim an die
leckere Weißwurst mit süßem Senf dachte.
    „Oder sollen wir im Tierpark Hellabrunn die Tiere aus aller Welt be-
suchen? Die Fledermäuse in der Villa Dracula? Oder die Orang-Utans
im Affenparadies? Oder die Elefanten? Oder sollen wir den Sibiri-
schen Tigern beim Fressen zusehen?", fragte Emma.

Tierpark Hellabrunn

Der Tierpark Hellabrunn ist schon seit 100 Jahren ein beliebtes
Ausflugsziel. Das Vorbild für Hellabrunn war der Tierpark Hagen-
beck in Hamburg, in dem die Tiere eines Kontinents zusammen
in einer Anlage gehalten werden. Auch in München leben die
Tiere ihrer Art entsprechend in großzügigen Naturanlagen zusammen, die von Bächen und Wasserläufen umgeben sind.
Die Besucher können die Tiere hautnah erleben: frei herumflie-
gende Vögel, Affen auf Klettergerüsten, hängende Riesenflughun-
de, flatternde Fledermäuse und viele Tiere mehr. Schafe, Ponys
und Hühnerküken warten im Kinderzoo darauf, gestreichelt und
gefüttert zu werden. In Hellabrunn legt man besonderen Wert auf
den Artenschutz und die Erhaltungszucht, um bedrohte Tiere vor
dem Aussterben zu bewahren. Dafür ist der Tierpark in aller Welt
berühmt.

„Ich geh zum Baden an die Isarauen oder zum Flaucher", sagte der
Teufel. „Dann kann ich die Leute ärgern, wenn sie in der Sonne liegen.
Ich kann sie überall zwicken und zwacken und mit einem langen Gras-
halm im Bauchnabel, im Ohr und in der Nase kitzeln. Das wird ein teu-
flischer Spaß."

„Des kennts jetzt macha, wias woits, i geh ezad. Pfiad aich God und
Bussal", sagte das Kindl und wandte sich zum Gehen.
„Was? Du gehst? Jetzt schon?" Emma war überrascht.

—— 177 ——

„I glaab, jetzt is g'nuag", sagte es und verabschiedete sich mit einem Busserl von Emma.

„Willst aa oans?", fragte es Mercur. Es dauerte eine Weile, bis er nickte und es ihm ein Busserl auf die Wange drückte. Dann ging es zum Teufel.

„Oide Kratzbürstn, willst aa oans?" Der Teufel reckte dem Kindl gierig seine kratzige Teufelswange entgegen.

„Schmeckt's guat? Will'st no oins?", fragte es. Der Teufel drehte den Kopf und reckte ihm die andere Wange entgegen. „Zwei Busserl vom Münchner Kindl", sagte er und hüpfte so herum, dass sein Schwanz auf und ab wippte und er nicht bemerkte, dass das Kindl sich davonmachte. Mercur hatte derweil seinen Umhang und den Flügelhut gerichtet.

„*Valete*", sagte er auf lateinisch. „Auf Wiedersehen." Er erhob sich sachte in die Lüfte und bald waren nur noch der Zipfel seines Umhangs und die kleinen Flügelchen an seinen Schuhen zu sehen.

„Das ist blöd, dass der Mercur weg ist", sagte der Teufel zu Emma. „Ich hätt' so gerne nochmal Fingerhakeln mit ihm gemacht. Dieses Mal hätte ich ihn bestimmt übern Tisch gezogen. Er nahm seinen Schwanz in die Hand und ließ ihn kreisen. Aber dann ließ er ihn wieder fallen und war rubbeldiekatz verschwunden. Nur sein Geruch nach Feuer und Erde hing noch in der Luft.

„Der ist immer so schnell weg, ohne sich richtig zu verabschieden", dachte Emma. „Ich glaube, der wird beim Abschied sentimental. Der schämt sich für seine Gefühle, deshalb verschwindet er einfach. Schade! Jetzt sind sie alle weg. Aber wir sehen uns bestimmt wieder. Da bin ich mir ganz sicher!"

Was du noch wissen solltest – zum Nachschlagen

Daten zur Geschichte der Stadt München

15 v. Chr.
Die Römer erobern das Alpenvorland. Sie besiegen die Kelten und errichten die römische Provinz Raetien. 488 nach Christus geben sie die Provinz wegen ständiger Überfälle der Germanen auf.

493–526
Der Gotenkönig Theoderich herrscht über das Gebiet.

530–550
Der Stamm der Bajuwaren besiedelt den Raum um München. Orte, die mit -ing enden entstehen zum Beispiel Schwabing, Pasing, Sendling.

1158
Herzog Heinrich der Löwe zerstört die Brücke des Bischofs Otto von Freising und baut beim Ort „apud Munichen" eine eigene Brücke über die Isar. Nun führt die Salzstraße über sein Gebiet. Kaiser Friedrich Barbarossa schlichtet den Streit im „Augsburger Schied".

Die Brücke des Herzogs darf stehen bleiben. Der Bischof erhält dafür Anteile aus den Einnahmen.

1175
Der Ort wird mit einer Mauer befestigt.

1180
Pfalzgraf Otto aus der Familie der Wittelsbacher wird Herzog von Bayern. Das Geschlecht der Wittelsbacher regiert von nun an als Herzöge, Kurfürsten und Könige das Land Bayern bis 1918.

1255
Die zwei Brüder Heinrich und Ludwig teilen sich das Land Bayern. Ludwig erhält die Pfalz und Oberbayern, Heinrich Niederbayern. Die Bürgerstadt München wird zur Residenzstadt.

1328
König Ludwig von Bayern wird in Rom zum deutschen Kaiser gewählt.

München wird dadurch bis zu seinem Tode kaiserliche Residenzstadt. In der Lorenzikapelle im Alten Hof wird der Reichsschatz aufbewahrt.

Herzog Albrecht IV. der Weise regiert.

1468–1488
Jörg von Halspach erbaut die Frauenkirche. 1525 werden die Kuppeln aufgesetzt.

1470
Baubeginn für das Alte Rathaus.

1505
Die Herzogtümer Oberbayern und Niederbayern werden wieder vereinigt. München ist die Hauptstadt.

1550–1579
Herzog Albrecht V. regiert.

1559
Herzog Albrecht V. holt die Jesuiten nach München.

1560–157
An der Neuveste an der Residenzstraße entstehen große Neubauten.

1563–1567
Das Marstallgebäude mit der Kunstkammer wird erbaut. Später wird es zur Münzstätte.

1568
Hochzeit des späteren Herzogs Wilhelm V. mit Renate von Lothringen. Auf dem Marienplatz findet ein großes Turnier statt.

1570
Baubeginn des Antiquariums.

1579–1598
Herzog Wilhelm V. regiert.

1583–1597
Die St. Michaelskirche wird gebaut.

1597
Herzog Wilhelm V. dankt ab.

1597–1651
Der Herzog und spätere Kurfürst Maximilian, Sohn Herzogs Wilhelm V., übernimmt die Regierung.

1600
München zählt etwa 20 000 Einwohner. An der Residenz wird gebaut.

1618–1648
Der Dreißigjährige Krieg beginnt als Religionskrieg zwischen katholischen und protestantischen Gebieten. Hinzu kommen Auseinandersetzungen um die Macht in Europa. Mit dem „Westfälischen Frieden" endet der Krieg.

Die Stadt wird mit Mauer und Graben befestigt.

1623
Herzog Maximilian I. erhält die Kurfürstenwürde. Er ist berechtigt, mit anderen Kurfürsten den Kaiser zu wählen *(zu küren)*.

1638
Kurfürst Maximilian lässt die Mariensäule auf dem Marktplatz errichten.

1663
Baubeginn der Theatinerkirche, die 1675 geweiht wird.

1702
Die Schäffler (Fassmacher) führen zum ersten Mal den Schäfflertanz auf. In der heutigen Zeit wird er alle sieben Jahre aufgeführt.

1729
Die Residenz brennt.

1742
Kurfürst Karl Albrecht regiert als Kaiser Karl VII.

1750
Francoise Cuvilliés baut das Residenztheater.

1789
Der Englische Garten wird in den Isarauen vor der Stadt angelegt.

1791
Die Stadtmauer wird niedergelegt.

1799–1825
Kurfürst Max IV. Joseph, seit 1806 König Max I. Joseph, regiert.

1806
Bayern wird Königreich. München ist Königliche Haupt- und Residenzstadt.

1810
Zur Hochzeit des Kronprinzen Ludwig mit Prinzessin Therese von Sachsen-Hild-

burghausen findet zum ersten Mal das Oktoberfest statt.

1823
Das Nationaltheater brennt. Bau der Türkenkaserne.

1825–1848
König Ludwig I. regiert. Er baut das „Neue München" und wird zum herausragenden Kunstsammler.

1828–1836
Bau der Alten Pinakothek für die Bildersammlung der Wittelsbacher.

1830
Eröffnung der Glyptothek am Königsplatz.

1841–1844
Bau der Feldherrnhalle.

1846–1853
Bau der Neuen Pinakothek.

1848
Ludwig I. dankt ab und übergibt die Regierung seinem Sohn Maximilian II.

1850
Auf der Theresienwiese wird die Bavaria enthüllt.

1854
München hat 100 000 Einwohner.

1857
Soll die Weißwurst erfunden worden sein.

1867–1908
Bau des Neuen Rathauses am Marienplatz.

1864–1886
König Ludwig II. regiert.

1886–1912
Prinzregent Luitpold regiert nach dem Tode von Ludwig II. für den geisteskranken Bruder Otto.

1900
München hat 500 000 Einwohner.

1906
Baubeginn des Deutschen Museums.

1911
Eröffnung des Tierparks Hellabrunn.

1918
Die Monarchie wird gestürzt und der „Freistaat Bayern" ausgerufen.

1919
Gründung der „Deutschen Arbeiterpartei", die spätere „Nationalsozialistische Deutsche Arbeiterpartei" (NSDAP).

1923
Der Versuch der Nationalsozialisten an die Macht zu kommen, scheitert vor der Feldherrnhalle.

1924
Die Stadt kauft die Villa des Malerfürsten Franz von Lenbach (1836–1904).

1933
Machtübernahme der Nationalsozialisten.

1935
München wird zur Hauptstadt der nationalsozialistischen Bewegung.

1940
Im Zweiten Weltkrieg (1939–1945) wird München aus der Luft bombardiert.

1941
Etwa 1 000 jüdische Einwohner werden von den Nazis fortgeschafft und ermordet.

1942/43
Die „Weiße Rose" ruft zum Widerstand gegen Adolf Hitler auf. Hans und Sophie Scholl werden verhaftet, weil sie Flugblätter ausgelegt haben. Sie werden zum Tode verurteilt und hingerichtet.

1944
Schwere Bombenangriffe.

1945
Die Amerikaner marschieren am 30. April in München ein.

1949
Der Bayerische Landtag zieht in das Maximilianeum ein.

1957
München hat eine Million Einwohner.

1968–1972
BMW-Hochhaus und BMW-Museum werden gebaut.

1971
Die U-Bahn wird eröffnet.

1972
Die 20. Olympischen Sommerspiele werden eröffnet. Arabische Terroristen überfallen israelische Sportler. Elf israelische Sportler, ein Polizist und fünf Terroristen werden getötet.

Die erste Fußgängerzone in Deutschland wird eröffnet.

1994
500-Jahr-Feier der Frauenkirche.

2002
Die Pinakothek der Moderne wird eröffnet.

2006
Eröffnung der neuen Hauptsynagoge am St. Jakobs-Platz.

Fußballweltmeisterschaft.

2007
Karl Valentin wird zum 125. Geburtstag geehrt.

Eröffnung des Jüdischen Museums.

2008
Ab dem 13. Juni wird das Stadtjubiläum gefeiert: 850 Jahre München.

2012
30. Geburtstag Filmfest München.

Glossar – ein Mittel gegen unverständliche Begriffe

Manche Begriffe im Buch sind dir vielleicht nicht geläufig. Du kannst sie hier nachschlagen und dir erklären lassen.

Altertum Die Epoche zwischen Frühgeschichte und Mittelalter. Es umfasst einen besonders großen Zeitraum.

Antike Lateinisches Wort für „Althergebrachtes". Es bezeichnet die Zeit des griechisch-römischen Altertums.

Arkaden Von Pfeilern oder Säulen getragene Bögen.

Bankrott Wenn eine Person, ein Unternehmen oder ein Staat ausstehende Rechnungen und Ausgaben nicht mehr bezahlen kann und ihnen auch kein Kredit mehr gewährt wird.

Barock Kunststil, der in der Zeit von etwa 1600 bis 1770 beliebt war (siehe auch Rokoko). Er bevorzugte besonders geschwungene, ausladende Formen und Schnörkel.

Basilisk Sagengestalt, Mischwesen mit dem Oberkörper eines Hahns und dem Unterleib einer Schlange, zum Teil auch mit Vogelbeinen, Flügeln und Federn.

Bastion Teil einer Festung, die dazu dient, Angreifer von der Seite oder von hinten beschießen zu können.

Bibel Sammlung von Schriften. Juden- und Christentum erkennen sie als Wort Gottes an. Als Heilige Schrift sind sie Urkunden des Glaubens.

Bischof/Erzbischof Der Bischof ist der höchste Geistliche in einem kirchlichen Amtsbezirk, der Diözese oder Bistum genannt wird. Er wird vom Papst ernannt. Ein Erzbischof steht einer Erzdiözese vor, die aus mehreren Diözesen besteht.

Brikett Brennmaterial aus Braunkohle, das zum Heizen benutzt wird. Weil Briketts in eine rechteckige Form gepresst sind, lassen sie sich gut stapeln.

Bronze Kunstmetall, das aus Kupfer und Zinn zusammengeschmolzen wird. Es ist sehr dauerhaft und kann durch gießen, schmieden oder hämmern in jede Form gebracht worden.

Bundesland Zusammenschluss mehrerer Staaten zu einem übergeordneten Gesamtstaat. In Deutschland nennt man die 16 Staaten Bundesländer.

Demokratie Staatsform, in der die Staatsgewalt vom Volke ausgeht, in der allgemeine Regeln für alle gelten und zu der freie, gleiche und geheime Wahlen gehören.

Depot Aufbewahrungsmöglichkeit.

Dreißgjähriger Krieg Konflikt von 1618 bis 1648 um die Vorherrschaft in Deutschland und Europa und zugleich ein Religionskrieg zwischen Katholiken und Protestanten.

Eid Ein Eid wird meistens vor Gericht geschworen. Aber auch in der Politik und beim Militär. Er verpflichtet dazu, die Wahrheit zu sagen. Schwört man einen falschen Eid, begeht man ein Verbrechen, das bestraft werden kann.

Erzbischof siehe Bischof.

Fassade Vorderseite eines Gebäudes.

Fialen Schlanke, spitze Ziertürme an gotischen Kirchen oder Gebäuden.

Geistlicher Inhaber eines religiösen Amtes im Christentum, zum Beispiel Priester oder Pfarrer.

Germanen Oberbegriff für Stämme und Völker in Nord- und Mitteleuropa zur Zeit der Griechen und Römer.

Glyptothek Sammlung antiker Steinskulpturen und geschnittener Steine. Der Begriff wurde vom Bibliothekar des bayerischen Königs Ludwig I. erfunden.

Gotik/gotischer Baustil Kunststil des Mittelalters. In Deutschland von etwa 1230 bis 1450. In der Baukunst an spitzen Bögen, hoch aufragenden Türmen, vielen Verzierungen und großen, hohen, meist bunten Fenstern zu erkennen. Sie sind mit Maßwerk verziert, einem blattähnlich durchbrochenen Stein.

Heilige Lanze Das älteste Stück der Reichsinsignien.

Heiliges Römisches Reich Deutscher Nation Die offizielle Bezeichnung für den Herrschaftsbereich der römisch-deutschen Kaiser vom Mittelalter bis 1806.

Herold Mittelalterlicher Bote, der die Ritter im Krieg oder im Turnier an ihrem Wappen erkannte.

Herzog Adelstitel, der vom König an Herrscher für bestimmte Gebiete verliehen wurde. Das Gebiet, über das ein Herzog herrscht, heißt Herzogtum. In Bayern hatte ab Mitte des 17. Jahrhunderts der Herzog auch den Rang eines Kurfürsten (s. Kurfürst).

Hofgartenarkaden Der Hofgarten der Residenz wird an zwei Stellen von Arkadengängen begrenzt. Auf der westlichen Seite sind die Wände mit Malereien geschmückt, die Ereignisse aus der Geschichte der Wittelsbacher zeigen.

Homosexuell Liebe zum eigenen Geschlecht.

Hostie Abendmahlsbrot in Form einer runden Oblate, die aus ungesäuertem Mehlteig wie Waffeln gebacken werden.

Israel Staat im Nahen Osten, der an Syrien, Jordanien, die palästinensischen Autonomiegebiete und Ägypten grenzt.

Jüngstes Gericht Geht auf die Vorstellung zurück, dass am Ende der Zeiten Christus Gericht hält und die Menschen nach ihren Taten beurteilt. Die Guten werden in den Himmel aufgenommen und die Bösen werden in die Hölle gestoßen.

Jugendstil Kunstrichtung, die um 1890 entstand und geschwungene Linien und Pflanzenornamente bevorzugte.

Kehricht Schmutz oder Abfall.

Kelten/keltisch Als Kelten bezeichnet man Volksgruppen der Eisenzeit in Europa.

Kommunismus/Kommunist Geht auf das lateinische Wort *communis* zurück und bedeutet „gemeinsam". Nach dieser Lehre sollen allen Menschen gemeinsam die Produktionsmittel gehören, die für den Lebensunterhalt nötig sind. Zum Beispiel Geräte, Maschinen, Grund und Boden, Tiere, Häuser usw. Im vorigen Jahrhundert entstand in der Sowjetunion eine Staats- und Gesellschaftsform, die als Endziel eine kommunistische Gesellschaft anstrebte.

Konflikt Meinungsverschiedenheit oder Streit zwischen zwei gegnerisch eingestellten Parteien oder Menschen.

Konsole Vorsprung an der Wand auf der zum Beispiel eine Figur abgestellt werden kann.

Konzentrationslager Lager aus Baracken, in die Menschen verschleppt und eingesperrt wurden, die nicht in das Weltbild der Nationalsozialisten passten, z.B. Juden, Roma und Sinti, Homosexuelle und andere. Sie wurden gezwungen zu arbeiten, gequält, erniedrigt und auch ermordet.

Kronprinz Ältester Sohn eines Königs oder Kaisers, der zugleich der Nachfolger auf dem Thron ist.

Krypta Unterirdischer Kirchenraum.

Kurfürst Das Wort *Kur* oder *Kure* bedeutet Wahl. Die Kurfürsten des Heiligen Römischen Reiches Deutscher Nation waren alleine berechtigt, den König zu wählen. Der Herzog von Bayern gehörte ab 1623 auch zum Kreis der deutschen Kurfürsten.

Kutte Ordenstracht eines Mönchs.

Landtag Volksvertretung oder Parlament eines Bundeslandes wie zum Beispiel Bayern.

Marstall Gebäude für Pferde, Wagen, Kutschen und Pferdegeschirr in fürstlichen Residenzen.

Martyrium Menschen, die wegen ihres Glaubens körperliche Qualen bis hin zum Tod erleiden.

Mittelalter Bezeichnet die Zeit zwischen der Antike und der Neuzeit von etwa 500 bis 1500.

Mittelschiff Der lange Raum von Kirchen wird Schiff genannt. Oft grenzen an das Mittelschiff Seitenschiffe, die durch Säulen oder Pfeiler abgetrennt sind.

Monarchie Stammt aus dem Griechischen und bedeutet Alleinherrschaft eines Königs oder einer Königin. In Ländern, in denen es heute noch Monarchen gibt, können diese jedoch nicht mehr alleine regieren, wie z.B. in England. Die Macht der Herrscher ist durch eine Verfassung, an die sie sich halten müssen, eingeschränkt. Man spricht dann von einer „konstitutionelle Monarchie".

Monstranz Reich geschmücktes Behältnis, in dem die geweihte Hostie hinter Glas zur Schau gestellt wird. Der Name kommt aus dem Lateinischen: *monstrare* bedeutet zeigen.

Neugotik/neugotischer Baustil Vor etwa 100 bis 150 Jahren kam der gotische Baustil aus der Zeit des Mittelalters in Mode. Deshalb entstanden wieder sehr viele Bauten in diesem Stil, der sich jetzt Neugotischer Stil nannte: Kirchen und Rathäuser, Schulen, Postämter und sogar Bahnhöfe.

Obelisk Frei stehender, rechteckiger und spitz zulaufender Pfeiler.

Offizier Soldat mit Verantwortung für die Führung, Ausbildung und den Einsatz anderer Soldaten.

Orgelempore Erhöhte Galerie oder Tribüne in Kirchen, auf der die Orgel gespielt wird.

Ornament Muster z.B. aus Blumen oder Blättern, das sich immer wiederholt.

Palästina Region an der südöstlichen Küste des Mittelmeeres.

Partnerstadt Sie dient dem Austausch zwischen Städten und Gemeinden über wirtschaftliche, künstlerische oder kulturelle Fragen.

Philosoph Jemand, der versucht, die Welt und die menschliche Existenz zu verstehen und zu deuten.

Plastik/Plastische Figur Bildwerk aus formbarem Material wie Ton, Gips, Metall.

Pinakothek Galerie für Gemälde. In römischer Zeit ein Raum, der mit Bildern geschmückt war.

Prinzregent Führt die Regierung in Vertretung für einen Fürsten, der aus verschiedenen Gründen nicht regieren kann.

Protestanten Gehören der evangelischen Glaubensgemeinschaft an, die aus den Lehren Martin Luthers hervorgegangen ist.

Provinz Raetien Eine römische Provinz. Sie umfasste das mittlere Alpengebiet, das nördliche Alpenvorland und die Donauregion.

Putsch Gewaltsame Aktion einer Gruppe mit dem Ziel, die Regierung zu stürzen und selbst die Macht zu übernehmen.

Putte Figur eines kleinen, nackten Knaben. Wird oft mit Flügeln dargestellt.

Radi Bayerisches Wort für Rettich, eine Rübenart.

Reichsapfel siehe Reichsinsignien.

Reichsinsignien Dazu gehören Krone, Zepter

und Reichsapfel und andere Teile wie z.B. die Heilige Lanze als Zeichen der Macht. Das Zepter ist ein reich verzierter Herrscherstab von halber Armlänge aus wertvollem Metall. Der Reichsapfel ist eine Kugel mit Kreuz, die als Zeichen des Weltherrschers über die Erde steht. Das Kreuz ist Zeichen für das Bekenntnis zum christlichen Glauben.

Reichskanzler War von 1871 bis 1945 die Amtsbezeichnung des Regierungschefs des Deutschen Reiches.

Regierung Sie besteht aus einer Mannschaft, Kabinett genannt, die den Staat leitet. In Deutschland ist der Bundeskanzler oder die Bundeskanzlerin Chef oder Chefin der Regierung, die sich zu Sitzungen trifft und Entscheidungen fällt.

Reliquienschrein Ein Schrein ist eine Art kostbarer Kasten für die Überreste wie Knochen, Haare, Zähne oder auch Gegenstände von einem oder mehrerer Heiligen. In den Reliquien ist nach christlichem Glauben die Kraft der Heiligen noch gegenwärtig.

Renaissance-Stil 1450 bis 1600 lebten die Gedanken und die Kunst der römischen Antike wieder auf. Das Wort Renaissance stammt aus dem Französischen und bedeutet „Wiedergeburt".

Republik Bei den Römern war die *res publica* das Volk eines Staates. Wenn die Entscheidungsgewalt vom Volke ausgeht und die gewählten Vertreter die Gesetze verabschieden und die Regierung bilden, nennt man das eine Republik.

Rokoko Verspielter, verschnörkelter Kunststil von etwa 1720 bis 1780.

Romanik/romanischer Baustil Baustil von etwa 1000 bis 1300. Ist an dicken Mauern, kleinen Fenstern und runden Bögen zu erkennen.

Sakristei Nebenraum einer Kirche, in dem Geräte und Gewänder für den Gottesdienst aufbewahrt werden.

Satyr Ein Mischwesen und Begleiter des griechischen Weingottes Dionysos.

Seitenschiff siehe Mittelschiff.

Sinti und Roma Oberbegriff für Bevölkerungsgruppen, die zum größten Teil aus Indien stammen. Im Mittelalter wanderten sie nach Europa ein. Sie wurden oft verfolgt, vor allem in der Zeit des Nationalsozialismus. Sinti sind eine Untergruppe der Roma.

Skulptur Figürliches Werk der Bildhauerkunst, meist aus Stein oder Holz.

Slogan Einprägsamer Werbespruch.

Spätbarock Leichter verspielter Barockstil um 1710 bis 1720 am Übergang zum Rokoko.

Spätgotik Die Gotik ist ein Kunststil des Mittelalters von etwa 1140 bis 1550. Die Merkmale in der Architektur sind der spitze Bogen, große Fensterflächen und viele Zierelemente. Die Spätgotik wurde durch den Renaissance-Stil abgelöst.

Sterngewölbe Ein Gewölbe ist eine gebogene Decke. Ein Sterngewölbe ist ein Kreuzgewölbe, das nochmals durch Rippen unterteilt ist, wodurch die Form eines Sterns entsteht.

Terror Kommt aus dem Lateinischen und bedeutet Schrecken. Menschen, die ihre politische oder religiöse Meinung mit Gewalt durchsetzen wollen, nennt man Terroristen.

Tiara Papstkrone.

Toga Obergewand, das nur von römischen Bürgern getragen werden durfte.

Toleranz Oder Duldsamkeit hat man, wenn man fremde Überzeugungen, Handlungsweisen und Sitten gelten lässt.

Treueeid siehe Eid.

Verfassung Darin legt ein Staat fest, wie das Land regiert werden und das Zusammenleben der Menschen funktionieren soll. Darin ist auch verankert, welche Grundrechte den Menschen zugestanden werden, damit sie ohne staatlichen Zwang leben und arbeiten können. In Deutschland wird die Verfassung „Grundgesetz" genannt.

Vogel Greif Ein Mischwesen, das aus einem Löwenkörper und dem Kopf und den Flügeln eines Vogels gebildet ist.

Wittelsbacher Eines der ältesten Adelsgeschlechter aus dem bayerische, pfälzer und andere Herrscher hervorgingen.

Zink Bläulich-weißes sprödes Metall, das für Dachrinnen verwendet wird. Früher wurden auch Särge, Wasch- und Badewannen daraus hergestellt.

Zepter siehe Reichsinsignien.

Wichtige Adressen – alle einen Besuch wert!

Münchner Stadtmuseum
St.-Jakobs-Platz 1, 80331 München
Tel. 089/23 32 23 70
www.stadtmuseum-online.de
Eintritt frei für Kinder und Jugendliche unter 18 Jahren
Haltestelle: Marienplatz, Sendlinger Tor Di–So 10–18 Uhr
Kombikarte: Bei Erwerb einer Eintrittskarte 50% Ermäßigung auf die aktuellen Eintrittspreise der drei städtischen Museen (Museum Villa Stuck, Städtische Galerie im Lenbachhaus und Jüdisches Museum München). Das Angebot gilt am Tag des Kartenkaufs und an den zwei darauffolgenden Öffnungstagen (gilt nicht für Kino und bereits ermäßigte Preise).

Spielzeugmuseum
Marienplatz 15, 80331 München
(im alten Rathausturm)
Tel. 089/271 19 69
www.spielzeugmuseum-muenchen.de
Haltestelle: Marienplatz
Tägl. 10–17.30 Uhr

Altes Rathaus
Marienplatz 15, 80311 München

Tel. 089/233 00
Haltestelle: Marienplatz

Neues Rathaus
Marienplatz 8, 80311 München
Tel. 089/233 00
Haltestelle: Marienplatz
Glockenspiel tägl. 11 Uhr, 12 Uhr, März–Okt. zusätzlich 17 Uhr
tägl. 21 Uhr Nachtwächterruf

Valentin-Karlstadt-Musäum
Tal 50, 80331 München
Tel. 089/22 32 66
www.valentin-musaeum.de
Haltestelle: Isartor
Mo, Di, Do 11.01–17.29 Uhr
Fr, Sa 11.01–17.59 Uhr
So 10.01–17.59 Uhr
Mi geschlossen
Eintritt für Kinder unter 6 Jahren frei, jeden geraden Samstag im Monat um 15.01 Uhr kostenlose Führung

Jagd- und Fischerei Museum
Neuhauser Str. 2, 80331 München
Tel. 089/22 05 22
www.jagd-fischer-museum.de

Haltestelle: Karlsplatz, Marienplatz
Täglich 9.30–17 Uhr, Do bis 21 Uhr
Audioguide mit spezieller Kinderführung,
jeden Do um 17.30 Uhr kostenlose Führungen

Residenzmuseum
Max-Joseph-Platz 3, 80539 München
Tel. 089/29 06 71
www.residenz-muenchen.de
Haltestelle: Marienplatz, Odeonsplatz 1.
Apr.–15. Okt. täglich 9–18 Uhr
16. Okt.–31. März täglich 10–17 Uhr
kostenloser Audioguide verfügbar

Lenbachhaus
Luisenstr. 33, 80333 München
www.lenbachhaus.de
Tel. 089/23 33 20 00
Haltestelle: Königsplatz, Hauptbahnhof,
Karolinenplatz
Das Lenbachhaus ist wegen Generalsanierung
voraussichtlich bis Frühjahr 2013 geschlossen.

Alte Pinakothek
Barer Str. 27, 80333 München
Tel. 089/23 80 52 16
www.pinakothek.de
Haltestelle: Königsplatz, Theresienstraße Täg-
lich außer Mo 10–18 Uhr, Di 10-20 Uhr
Eintritt frei für Kinder und Jugendliche unter
18 Jahren
sonntags ermäßigter Eintritt,
Veranstaltungskalender auf der Homepage

Neue Pinakothek
Barer Str. 29, 80799 München
Tel. 089/ 23 80 51 95
www.pinakothek.de
Haltestelle: Königsplatz, Theresienstraße
täglich außer Di 10–18 Uhr, Mi 10–20 Uhr
sonntags ermäßigter Eintritt,
Veranstaltungskalender auf der Homepage

Pinakothek der Moderne
Barer Str. 40, 80333 München

Tel. 089/23 80 53 60
www.pinakothek.de
Haltestelle: Königsplatz, Theresienstraße
täglich außer Mo 10–18 Uhr, Do 10–20 Uhr
sonntags ermäßigter Eintritt,
Veranstaltungskalender auf der Homepage

Museum Brandhorst
Theresienstr. 35a, 80333 München
Tel. 089/238 05 22 86
www.pinakothek.de
Haltestelle: Königsplatz, Theresienstraße
täglich außer Mo 10–18 Uhr, Do 10–20 Uhr
sonntags ermäßigter Eintritt,
Veranstaltungskalender auf der Homepage

Synagoge Ohel Jakob
St.-Jakobs-Platz 18, 80331 München
Tel. 089/202 40 01 00
www.jüdischeszentrumjakobsplatz.de
www.ikg-m.de
Haltestelle: Marienplatz, Sendlinger Tor
Sonderführungen für Schüler

BMW-Museum
Am Olympiapark 2, 80809 München
Tel. 089/125 01 60 01
www.bmw.museum.de
Haltestelle: Olympiazentrum
Di-So 10–18 Uhr, Mo geschlossen
Am letzten So im Monat Familientag mit
wechselnden Workshops und Shows,
kostenlosen Führungen und reduziertem
Eintritt

Deutsches Museum
Museumsinsel 1, 80538 München
Tel. 089/217 91
www.deutsches-museum.de
Haltestelle: Isartor, Deutsches Museum
täglich 9–17 Uhr, Do 9–20 Uhr
Eintritt frei für Kinder unter 6 Jahren

Englischer Garten
Englischer Garten 2, 80538 München

Tel. 089/38 66 63 90
Haltestelle: Münchner Freiheit,
Gieselastraße, Universität
ganzjährig geöffnet, Eintritt frei

Tierpark Hellabrunn
Tierparkstr. 30, 81543 München
Tel. 089/62 50 80
www.tierpark-hellabrunn.de
Haltestelle: Thalkirchen, Tierpark
Apr.–Sep. 9–18 Uhr, Okt.–März 9–17 Uhr
Täglich geöffnet, Bollerwagen können ausgelie-
hen werden

Jüdisches Museum
St.-Jakobs-Platz 16, 80331 München
Tel. 089/23 39 60 96
www.juedisches-museum-muenchen.de
Haltestelle: Marienplatz, Sendlinger Tor
Di–So 10–18 Uhr
Eintritt frei für Kinder und Jugendliche unter 18
Jahren

Kinder- und Jugendmuseum München
Arnulfstr. 3, 80335 München
Tel. 089/54 54 08 80
www.kindermuseum-muenchen.de
Haltestelle: Hauptbahnhof
Di–Fr 14–17.30 Uhr, Sa, So, feiertags und
Ferien 11–17.30 Uhr
Kindergeburtstage

Bayerisches Nationalmuseum
Prinzregentenstr. 3, 80538 München
Tel. 089/211 24 01
www.bayerisches-nationalmuseum.de
Haltestelle: Lehel, Nationalmuseum
Di–So 10–17 Uhr, Do 10–20 Uhr
Eintritt frei für Mitglieder und Kinder und
Jugendliche unter 18 Jahren

Deutsches Museum Flugwerft Schleißheim
Ferdinand-Schulz-Allee,
85764 Oberschleißheim
Tel. 089/315 71 40

www.deutsches-museum.de/flugwerft/
Haltestelle: Schwanthalerhöhe,
Hackerbrücke
Tägl. 9–17 Uhr
Eintritt frei für Kinder unter 5 Jahren

Deutsches Museum Verkehrszentrum
Am Bavariapark 5, 80339 München
Tel. 089/500 80 67 62
www.deutsches-museum.de/
verkehrszentrum/
Haltestelle: Schwanthalerhöhe,
Hackerbrücke
Tägl. 9–17 Uhr
Eintritt frei für Kinder unter 5 Jahren

Glyptothek
Königsplatz, 80333 München
Tel. 089/28 61 00
www.antike-am-koenigsplatz.mwn.de/
glyptothek/
Haltestelle: Königsplatz, Karolinenplatz
Di–So 10–17 Uhr, Do 10–20 Uhr
Eintritt frei für Schulgruppen, Kinder und
Jugendliche unter 18 Jahren

Haus der Kunst
Prinzregentenstr. 1, 80538 München
Tel. 089/21 12 71 13
www.hausderkunst.de
Haltestelle: Königinstraße,
Nationalmuseum/Haus der Kunst
Tägl. 10–20 Uhr, Do 10–22 Uhr
Eintritt frei für Kinder unter 12 Jahren
Workshops und Führungen für Kinder

Staatliche Antikensammlung
Königsplatz, 80333 München
Tel. 089/59 98 88 30
www.antike-am-koenigsplatz.mwn.de/
antikensammlung/
Haltestelle: Königsplatz, Karolinenplatz
Di–So 10–17 Uhr, Do 10–20 Uhr
Eintritt frei für Schulgruppen, Kinder und Ju-
gendliche unter 18 Jahren

Residenzmuseum mit Cuvilliés-Theater und Schatzkammer
Residenzstr. 1, 80333 München
Tel. 089/29 06 71
www.residenz-muenchen.de
Haltestelle: Marienplatz, Odeonsplatz, Nationaltheater

Residenzmuseum:
1. Apr.–15. Okt. tägl. 9–18 Uhr,
16. Okt.–31. März tägl. 10–17 Uhr

Cuvilliés-Theater:
Apr.–Juli Mo–Sa 14–18 Uhr,
So und feiertags 9–18 Uhr
1. Aug.–12. Sept. täglich 9–18 Uhr
13. Sept.–15. Okt. Mo–Sa 14–18 Uhr,
So und feiertags 9–18 Uhr
16. Okt.–31. März Mo–Sa 14–17 Uhr,
So und feiertags 10–17 Uhr
Schatzkammer:
1. Apr.–15. Okt. tägl. 9–18 Uhr
16. Okt.–31. März tägl. 10–17 Uhr
Freier Eintritt für Kinder und Jugendliche unter 18 Jahren, kostenloser Buggy-Verleih

Museumspädagogisches Zentrum
Untergeschoss der Neuen Pinakothek,
Barer Straße 29, 80799 München
Tel. 089/23 80 52 96
www.mpz.bayern.de
Haltestelle: Josephsplatz, Lothstraße, Barbarastraße
Mo, Mi–Sa 10–12 und 13–15 Uhr
Veranstaltung mind. 10 Arbeitstage vor dem gewünschten Termin buchen

Bildnachweis

Sämtliche Fotos von Bernd Schaumann außer:
Titelbild: Herz © by-studio/fotolia.com; Frauenkirche © Oliver Klimek/fotolia.com; Fotomontage: Petra Drumm
11 Heinrich Stuerzl
12 Tourismusamt München, C.Reiter
13 Stadtverwaltung, Landeshauptstadt München
19 o., 20 o., 22 o., 30, 73, 74 u., 75, 76, 77 u., 128, 167 Münchner Stadtmuseum
20 u., 149 o. li., u. re., 157, 158, 163, 164 Stadtarchiv München
22 u. Karl Eberhard
24 o. Postkarte
32, 49, 92 Tourismusamt München, B. Roemmelt
35 Karl Thelen
42 o. BBMC Tobias Ranzinger
51 Aleister Crowley
56 Erzb. Ordinat München – Kunstreferat, Foto: Wolf-Christian von der Mülbe, Verlag Fritz Witzig München
61 Bayerisches Landesamt für Statistik und Datenverarbeitung
62, 63 BR.de, Ernst Eisenbichler
64 o., 98 o., 102, 103, 131 Bayerische Schlösserverwaltung, www.schloesser.bayern.de
68, 69 o., 109 Bernt Engelmann
74 u. Matthäus Merian – Topographia Germaniae - Bayern/Bavariae 1644/1665 - BVK 115 (c) Bärenreiter-Verlag Karl Vötterle GmbH & Co. KG, Kassel
86 Tourismusamt München, A. Müller
87 © Rheinisches Bildarchiv, rba_c020927
89 Bayerisches Landesamt für Denkmalpflege, Eberhard Lantz
95 Tourismusamt München, Fritz Marder
100 bpk / München, Bayerische Staatsgemäldesammlungen - Alte Pinakothek
112 re. Wikimedia Commons, lizensiert unter CreativeCommons-Lizenz Namensnennung-Weitergabe unter gleichen Bedingungen 3.0 Unported
113 Hans Grüner, http://www.hansgruener.de/kanal.htm
118 Glyptothek, München
121 Städtische Galerie im Lenbachhaus und Kunstbau, München
122 Tourismusamt München, Foto: Städtische Galerie Lenbachhaus
132 Wolfram Debus
133 René & Peter van der Krogt
134 o. Douglas Duquette, duquette.douglas@gmail.com
134 u. Tourismusamt München, S. Boettcher
146 Hans Schlimbach
149 o. re. Bayerische Staatsbibliothek München/Fotoarchiv Hoffmann
20, 149 o. li., u. re., 157, 158, 163, 164 Stadtarchiv München
153 Bundesarchiv, Bild 152-01-024-030 / Fotograf: o.A.
154 Elisabeth Mick
155, 156 Stadtarchiv; Foto: Huhle
159 o. li. George (Jürgen) Wittenstein / akg-images
168 BMW Welt, München
169 Jürgen Reichmann
170 o. Allianz Arena/B. Ducke
174 o. Karl Gotsch

Trotz intensiver Bemühungen war es uns nicht in allen Fällen möglich, die Rechteinhaber der Fotos ausfindig zu machen.

Berechtigte Ansprüche werden selbstverständlich im Rahmen der üblichen Vereinbarung abgegolten.

Bachems bunte Wimmelbilder–Welt

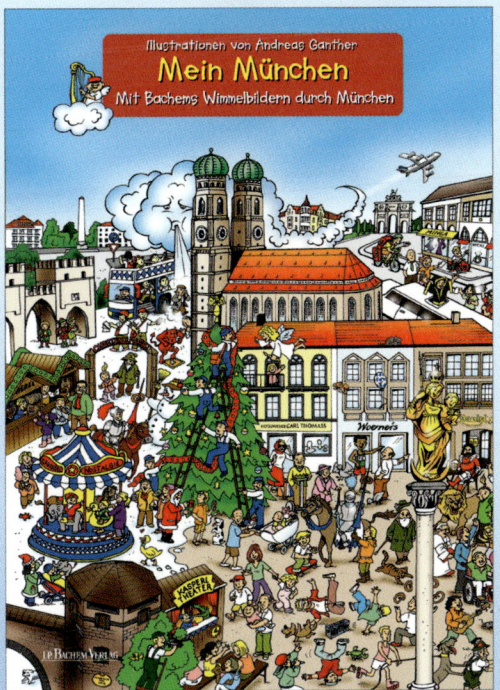

Andreas Ganther
Mein München
Mit Bachems Wimmelbildern durch München
5 Papp-Doppelseiten
27 cm x 37,7 cm
ISBN 978-3-7616-2490-6

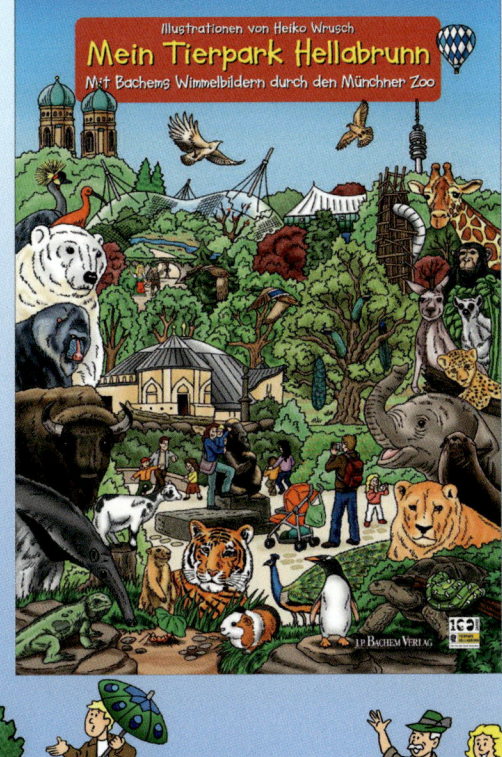

Heiko Wrusch
Mein Tierpark Hellabrunn
Mit Bachems Wimmelbildern
durch den Münchner Zoo
6 Papp-Doppelseiten
27 cm x 37,7 cm
ISBN 978-3-7616-2446-3

J.P. Bachem | Verlag
Im Buchhandel oder unter www.bachem.de/verlag erhältlich.

Gutschein

für einmal freien Eintritt
für ein Kind in das

Valtentin-Karlstadt-Musäum

Bitte im Museum abstempeln lassen

Gutschein

für einmal freien Eintritt
für ein Kind in das

BMW Museum

Bitte im Museum abstempeln lassen

Gutschein

für einmal freien Eintritt
für ein Kind in die

**Staatlichen
Antikensammlungen**

Bitte im Museum abstempeln lassen

Gutschein

für einmal freien Eintritt
für ein Kind in die

Glyptothek

Bitte im Museum abstempeln lassen

Gutschein

für einmal freien Eintritt
für ein Kind in das

**Kinder- und Jugendmuseum
München**

Bitte im Museum abstempeln lassen

Gutschein

für einmal freien Eintritt
für ein Kind in das

**Spielzeugmuseum im
Alten Rathaus**

Bitte im Museum abstempeln lassen

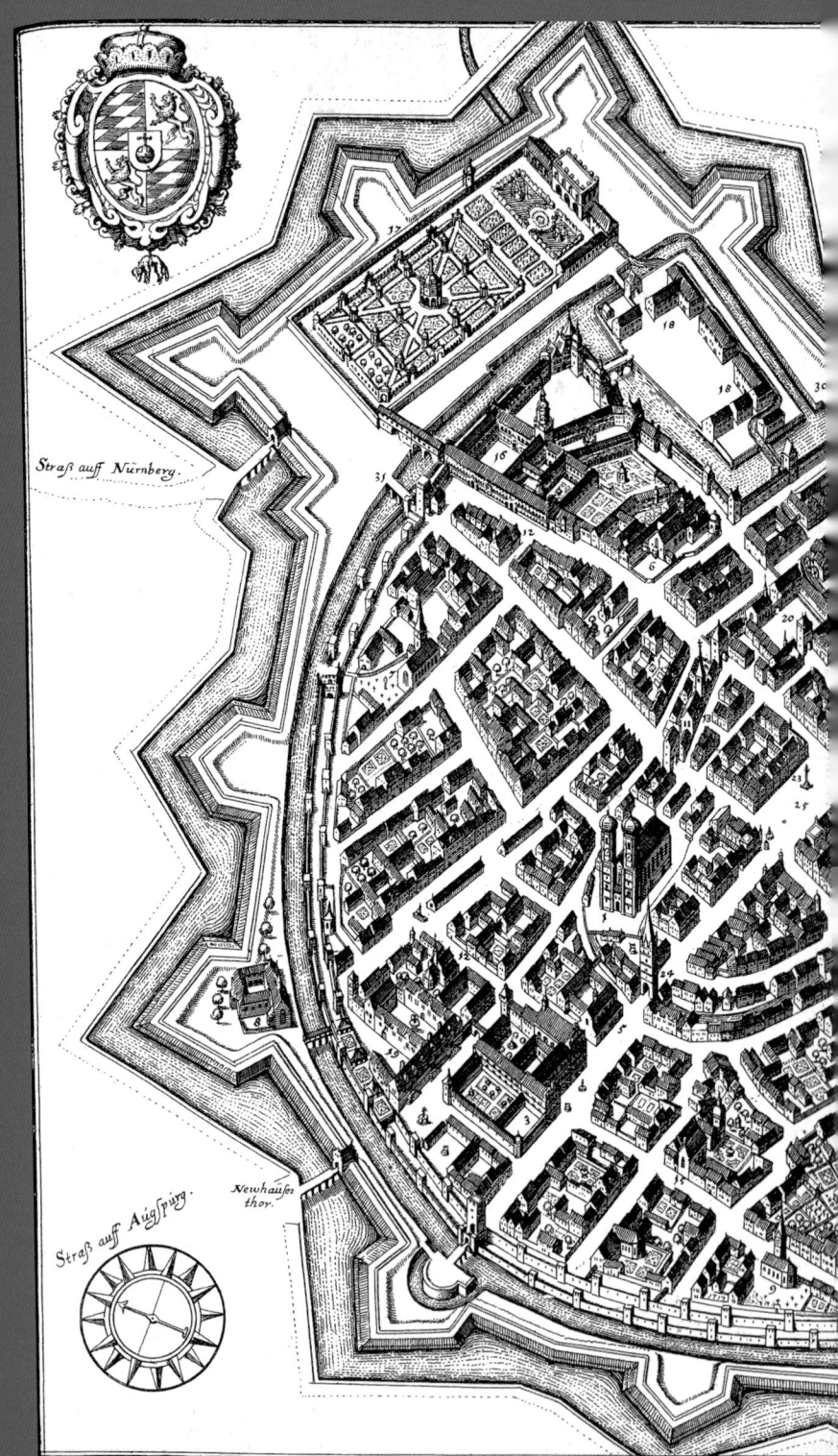

Straß auff Nürnberg.

Straß auff Augspurg.

Newhauser
thor.